葉子
Leaves
Publishing

根
以讀者爲其根本

莖
用生活來做支撐

葉
引發思考或功用

果
獲取效益或趣味

聽布拉格唱情歌
——飛揚在
奧地利、
匈牙利、
捷克的音符

文‧攝影◎陳玉箴

風信子HYACINTH

聽布拉格唱情歌——飛揚在奧地利、匈牙利、捷克的音符

編 著 者：陳玉箴
出 版 者：葉子出版股份有限公司
發 行 人：宋宏智
企劃主編：萬麗慧、鄭淑娟、林淑雯、陳裕升
媒體企劃：汪君瑜
活動企劃：洪崇耀
責任編輯：姚奉綺
美術編輯：ELLY
封面設計：ELLY
印　　務：黃志賢
專案行銷：張曜鐘、林欣穎、吳惠娟
登 記 證：局版北市業字第677號
地　　址：台北市新生南路三段88號7樓之3
電　　話：（02）2366-0309　傳真：（02）2366-0310
讀者服務信箱：service@ycrc.com.tw
網　　址：http://www.ycrc.com.tw
郵撥帳號：19735365　　　　戶名：葉忠賢
印　　刷：鼎易印刷事業股份有限公司
法律顧問：北辰著作權事務所
初版一刷：2004年7月　　　　新台幣：280元
I S B N：986-7609-26-3

版權所有　翻印必究

國家圖書館出版品預行編目資料

聽布拉格唱情歌：飛揚在奧地利、匈牙利、
　　捷克的音符 / 陳玉箴作. -- 初版. --
臺北市：葉子, 2004[民93]　面；　公分. --（風信子）
　　　ISBN 986-7609-26-3（平裝）
　　1. 奧地利 - 描述與遊記 2. 匈牙利 - 描述與遊記
　　　　　3. 捷克 - 描述與遊記
　　　　744.09　　　　　　　　93008208

總 經 銷：揚智文化事業股份有限公司
地　　址：台北市新生南路三段88號5樓之6
電　　話：(02)2366-0309
傳　　真：(02)2366-0310

※本書如有缺頁、破損、裝訂錯誤，請寄回更換

　　哈布斯堡王朝：歐洲紅了最久的王室，從十三世紀開始發跡，統治歐洲大多數地區將近七百年……

　　一位國王在結婚前夕與美麗未婚妻解除了婚約，花費十七年建造一座潔白無瑕的新天鵝堡，最後卻原因不明地倒臥水邊，結束謎樣一生。

　　這麼充滿戲劇張力的情節，是巴伐利亞國王魯道夫二世的故事，他也正是哈布斯堡家族的一員。

　　二十歲那年在德國新天鵝堡，山嵐繚繞中聽聞這個故事，課堂上聽到的西洋歷史故事頓時全都變得可歌可泣起來。歐洲之於我，也像童話故事般引人入勝。我渴望走進過去皇族的故居，撫摸被砲火轟擊過的石牆，在無數馬車行經的石板路上，想像曾在牆角發生的擁吻或是暗殺。

　　當然，一旦走進了童話，就會發現故事裡絕不只有王子公主而已。

　　慕尼黑英國公園，推著嬰兒車在夾道落葉中並肩散步的夫妻，用臉上恬靜笑容為我唱了一首平實愛情的動人歌曲；荷蘭海牙，人們齊聚街頭，用全面停駛的大眾交通工具及遊行，慶祝並展示了在世界杯足球賽拿下的重要勝利。

　　在王室童話之外，還有太多故事想要仔細聆聽。

　　於是，西元2002年，埋首論文之餘，計畫這趟直搗哈布斯堡王朝心臟的旅行，成為我生活中最重要的事。一行三人以一個月的時間，從匈牙利布達佩斯、多瑙河三小鎮到奧地利維也納、薩爾茲堡、哈斯塔特，最後轉戰捷克童話小城與布拉格。匈牙利和捷克的大部分地區從西元1526年便臣服於哈布斯堡王朝。直到第一次世界大戰結束，捷克、匈牙利才先後成為獨立國家。

　　經歷過這些，一個城市到底會變成什麼樣子呢？人們說布達佩斯灰撲撲、布拉格古老美麗又蒼涼，它們不斷地呼喚我，而我也急著想要自己去看看，童話故事裡究竟還有些什麼。

寫在前面 ·····························07

天使的臉孔

我的匈牙利豔遇 ·····················13
嗨！我叫Alex ·······················23
誤闖韓國大使館 ·····················31
布拉格迷蹤記 ·······················39
與「猛男」同居 ·····················49

小鎮遊蹤

匈牙利火車懷舊之旅 ·················57
披著灰外套的童話王國 ···············63
詩人之湖 ···························73
護城河之熊和小情侶明信片 ···········81
溫泉鄉大開眼界 ·····················89
攝影師的一天，在哈斯塔特 ···········97

美食饗宴

公主醉倒豪華渡輪 ·················107

匈牙利美食考察 ·················115

維也納咖啡筆記 ·················123

甜點之都維也納 ·················135

消失的捷克烤鴨與廁所臉事件 ·········145

漫步哈布斯堡王朝

山壁神鷹布達皇宮 ·················155

大漠兒女再現匈牙利 ···············161

邊境大逃亡 ·····················169

愛在黎明破曉時 ·················177

布拉格，莫札特夜未眠 ·············185

在布拉格想你 ···················193

回來之後 ·······················202

天使的臉孔

1

一位高大英俊男子朝我們緩緩走近，棕色頭髮飄飄後揚，雙眼如同布達皇宮的神鷹般明亮，說他長得像貝克漢可能太過誇張，不過他渾身散發出的凜凜英氣的確會讓人多看一眼。

■我的匈牙利豔遇

■嗨！我叫Alex

■誤闖韓國大使館

■布拉格迷蹤記

■與「猛男」同居

布達佩斯國立歌劇院。

我的匈牙利豔遇

豔遇，跟匈牙利的辣椒一樣，
常常出現在意想不到的地方。

豔遇，跟匈牙利的辣椒一樣，常常出現在意想不到的地方。

　　我的朋友Joan在英國鄉間等巴士，因為巴士遲遲不來，嘴裡叨叨唸唸把英國的交通效率狠狠臭罵一頓，讓一旁也在等車的英國男子聽到大為光火，隨即展開一場事關國家尊嚴的保衛戰。結果，現在Joan已經嫁到倫敦，天天和英國的地鐵、火車為伍，成為「做人不要太鐵齒」的最好教材。

到市場除採買新鮮水果，還是豔遇的可能地點。

　　另一個朋友Rita在愛丁堡火車站的長長樓梯上提著行李氣喘吁吁，不小心引發某充滿正義感之美國青年的憐香惜玉之情（讓人懷疑Rita不去坐舒服的車站電梯是別有用心而非愚蠢），接著發現兩人的目的地竟然是同一家青年旅館，很快地，不只有正義感同時也熱情如火的美國青年大老遠追來台灣向她求婚，讓已經有未婚夫且沒有野心腳踏兩條船的Rita傷透腦筋。

　　更誇張的是Deborah，去馬來西亞不好好在飯店或海邊渡假，竟然和司機先生發展出純純的「四輪車之戀」，把大好渡假時光花在「搭乘交通工具」上，雖然這個故事並沒有下文，但這生命中燦爛的三天已經夠她回味不已。

　　當然，不一定每次豔遇都會是愉快回憶，也不是每個人都有機會在旅行中來段難忘的邂逅。拿我來說吧！每回坐火車，會主動攀談的男士從來只有兩種人：一是板著臉兇巴巴的查票先生；二是慈眉善目，像爺爺一樣和藹的查票先生。有一回連到餐車喝杯咖啡想換換空氣，都只遇見三、四位把這裡當作吸煙室的伯伯們齊聚聊天，連剛剛才打過照面的查票先生也混在其中納涼，尷尬微笑的同時，只能大嘆一聲，自己和查票先生的緣分還真是不淺。

　　一直到匈牙利，我才終於突破了這命運設下的藩籬，發現了豔遇的其他地點，譬如說──菜市場。

　　時間是早上十點鐘，地點在布達佩斯。

熱氣籠罩頭頂，意識也有些模糊，難以置信地盯著街上的溫度顯示器──三十五度，開始質疑自己是不是還沒離開台北。狠毒太陽大老遠追殺而來，赤炎炎照著我們，讓人只想找個地方坐下吹冷氣。雖然早上才出門沒多久就想躲咖啡館的行徑實在有些可恥，不過我堅信，如果繼續硬撐，很可能會因為中暑而昏倒街頭，所謂兩「恥」相權取其輕，還是先避居室內，等太陽威力稍減再說。

　　中央市場（Nagy Vasarcsarnok）正是一個避暑的好地方。位居繁華的瓦西大街（Vaci）底，繽紛的色彩宛如童話屋，卻是當地人及觀光客都愛前來遊逛採買的重要據點。一樓被熱情喧鬧的生鮮蔬果、香腸火腿、鵝肝醬等新鮮食材佔據，二樓則有許多商店販賣各種民俗藝品、刺繡、陶瓷娃娃

市場裡長相像水母的蔬菜，不知怎麼個煮法？

等，而且價格比起瓦西大街上便宜不少，喜愛逛市集的人必定如魚得水，徘徊再三。

　　我們逛了許久，欣賞了滿坑滿谷、各種顏色的辣椒，提著因為溝通不良而不小心買了兩公斤的沈重桃子，正在一旁歇息，一位高大英俊男子竟朝我們緩緩走近，棕色頭髮飄飄後揚，雙眼如同布達皇宮的神鷹般明亮，說他長得像貝克漢可能太過誇張，不過他渾身散發出的凜凜英氣的確會讓人多看一眼。而在他那健壯有力的手臂上，不太搭調地提著一隻光溜溜的雞！

　　「＆＊％＄……」他露出老朋友見面時的喜悅溫暖笑容，熱情地向我們打招呼。

　　「Hello……」被視為老友的我們，則是面面相覷。天啊！這位老兄到底在說哪國語言？

　　無視於我們臉上的線條，男子竟興高采烈地高談闊論起來，「＠#＊％……」完全不顧我們其中一人呆若木雞、一人皺緊眉頭懷疑他在說閩南語，另一人則故做聰明地頻頻點頭並報以微笑，在掌握到幾個英文關鍵字時更大聲回應：「Yes! travel……Budapest……beautiful……」。

　　大概是我們專注的神情鼓舞了他，這名男子熱切地盯著我們，開始瓜拉瓜拉地說起一長串匈牙利文，這可怎麼辦好呢？在三人交換眼神小組會議後，我們緊急宣布，進入雞同鴨講狀態。

　　這位男子就是Sipos，如果完全不理會他在說什麼，Sipos

說話的認真態度倒是挺性感的，外型粗獷有力，說話的語氣卻又相當斯文有禮，被汗水濡濕的頭髮閃閃發亮，眼睛也炯炯有神，傳達出熱切想與我們交談的欲望。

當然光盯著人家瞧及傻笑是不成事的，我們雖然憑著他話中偶然夾雜的英文單字試圖扮演解語花的角色，但這畢竟太難，眼看雙方的互動愈來愈少，難道，他準備向我們傾吐的滿腔話語，就要因為語言不通而硬生生吞回肚中嗎？

當然不！此刻我們搬出了救兵——匈牙利字彙與英文對照表。在出發之前，花了不少時間把常用匈牙利字彙整理在小本子上隨身攜帶，就是準備這一刻的來臨，而這位早已滿頭大汗的仁兄看到熟悉的文字果然大喜，立刻就著這些字彙與我們聊起天來。

由於大多數字彙與食物有關，我們的話題立刻聚焦在匈牙利美食。Sipos問我們是否喝過匈牙利著名的葡萄酒Tokaji，有沒有嚐過牛肉湯Gulyas，還直接帶著我們逛市場，告訴我們這些那些辣椒是做什麼用的，但由於這天只是我們到布達佩斯的第二天，很多東西都還沒嚐過，因此對他的疑問也只能頻頻搖頭，表示還沒吃過。對此Sipos簡直無法接受，露出極為痛苦的表情，對我們的缺乏品味大感不解。看著他英俊的臉如此扭曲，於心不忍的我，終於在他問我們有沒有喝過palinka的時候，毫不猶豫地大聲說了Yes！還告訴他我好喜歡，味道實在太棒了！

果然，他笑了！不過這笑容實在詭異，他變得害羞起

來，有點不敢相信地望著我，還大呼數次「My God！」，並且頻頻搖頭，一副「原來你是這種人」的表情。我當即後悔起來，一定是說錯什麼了……。

後來我才知道，原來palinka是一種很烈的水果酒，他當時一定把我當作酒鬼，到匈牙利不先嚐嚐牛肉湯，竟狂灌palinka，力圖保持的淑女形象大概至此壽終正寢。

雖然被我們嚇了一跳，不過由於相談甚歡，Sipos在「聊」了一陣子後，便帶著我們大街小巷逛了起來，在他的陪伴之下，我們從Vaci大街轉入河岸大道沿著多瑙河散步，河岸風光此刻真是風情萬種，他一面指指點點告訴我們國會大廈與聖史蒂芬教堂的方位，一面自豪地讚美布達佩斯是個非常美麗的城市，當然，能夠這樣交談並不是因為發生了他會說中文或我們忽然聽得懂匈牙利文這樣的奇蹟，而是我們拿出了導覽書籍，看到書上的精美照片，Sipos真是挺開心地，便就著照片咕嚕咕嚕、興高采烈地發表起高論。

時間接近中午，Sipos忽然對我們露出害羞而又神秘的微笑，要求我們跟他走。做什麼呢？要請我們吃飯？去他家喝酒？要買禮物給我們？

猜了半天，他這回什麼都不說，只是走在前頭，並頻頻回頭看我們是否跟著，雖然對於這樣輕易地被人「帶出場」有些揣揣不安，不過仗著人數優勢，又是在大白天的鬧區，料想苗頭不對可以隨時閃人，我們便真的跟在他後面蜿蜒走進地鐵站……並且在地鐵入口前，彎進了一家古怪的小店，

店名倒是有的：Lotto！

　　真相大白，他竟帶我們來幫他簽匈牙利樂透！！看來樂透就和陽光一樣，從台灣到匈牙利都是如影隨形！

　　簽完樂透，他又晃著手上那隻在中央市場買的雞，希望邀請我們到他家共同享用。他的臉如此殷切而熱情，實在讓人很想一口答應，我想，這一定是我跟「豔遇」二字最接近的時刻了吧！

　　不過我們終究沒有點頭，由於另兩位同伴非常擔心那隻在中央市場買的雞在曝曬多時後已經被烈日烤熟（可能也擔心我嫁入異鄉往後見面不易吧！）。總之，在他們極力勸阻下，我也只好含淚向Sipos說再見。

　　臨別時，Sipos拿出紙張工整地寫下他的住址、姓名塞給我，並要我也留下住址，再三交代我一定要寫信給他。在Sipos灼熱雙眼的注視下，我終於瞭解詩歌戲劇中那種「私奔的衝動」，實在是令人難以抗拒！

　　回台灣沒有多久，Sipos的信就像一方輕巧扁舟緩緩停降信箱，載滿來自匈牙利的溫暖問候。信上細密工整的匈牙利文宛如天書，字裡行間的情誼卻是煨人心脾。Sipos誠摯希望我們能夠再去匈牙利，他一定要好好招待我們，看來，我得先去學學匈牙利文了！

Sipos的信載滿來自匈牙利的溫暖問候。

Budapest

Budapest
Mátyás templom
Matthiaskirche
Matthias Church

foto: Simon László

Budapest

Kedves Ruby Chen !

Nagyon örülök, hogy megismer-
telek Titeket és nagyon
szeretném, ha jó barátság
alakulna ki közöttünk.
Szivesen vendégül látnálak
Budapesten újból
Elnézést de nem tudok
Inglisch, ha Tudod légyszives forditasd le, templen

SIMIX PRINT   tel.: 06 30 9500 060

SIPOS SANDOR
BUDAPEST
Csontváry u. 5. I/5
T: 292-02-23

... talász valakit aki tud Magyar
szivélyes üdvözlettel: Sanyi

莫爾島河的黃昏，沈靜的布拉格。

嗨！我叫Alex

「Call me Alex！」Alex深褐色的臉擠滿笑容，
向我們自我介紹。
當他倚在門邊輕輕地說話，
簡直就像小一號的史恩康納萊。

在東歐旅行，由於語言不通，和當地人交談的機會其實不多，不過如果在民宿落腳，便很有機會跟民宿主人深入聊聊，當然，如果能遇到年輕英俊、聰明有才華的民宿主人，那就更加不虛此行了。

因為聽到我的祈禱，Alex就上場了。

Alex經營一家高級民宿，說它「高級」，有大半是因為價錢的關係。一個人將近1000元台幣的住宿費也許不算特別昂貴，可是這是在匈牙利！匈牙利呢！不是應該只有這個價錢的一半？

那日我們風塵僕僕，從布達佩斯搖搖擺擺坐了一個多小時的巴士，總算晃到Esztergom，多瑙河大轉彎邊一個歷史悠久的宗教重鎮。巴士一到站，我們又成為三頭亟欲卸下肩上貨物的苦命牛，臉上全是「給我房間，其餘免談」的神情。

Alex的高級民宿，便成為我們在這裡的家。

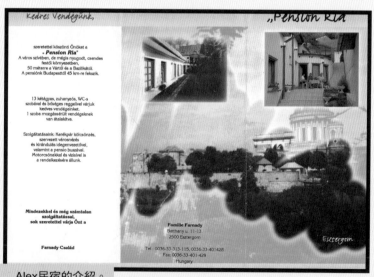

Alex民宿的介紹。

　　開門迎接我們的，是這裡隨處可見，身材圓滾滾、臉上一團和氣的老太太。我們聽說小鎮房間少，兩天前就已打電話訂房，胖太太看過登記簿後，吆喝一聲，門裡隨即閃出兩位戴著墨鏡、穿著時髦，卻又顯然孔武有力的女士，二話不說拎起行李，帶著我們拾級而上，前往兩個雅致的小房間。

　　由於小房間全是獨立小屋，屋前還有桌子供人眺望遠山教堂，我們邊跟著墨鏡女士前進，一邊心裡已經七上八下起來，該不會……跑到人家高級別墅裡來了！

NEWS

Esztergom可以說是「匈牙利的羅馬」，直到今天都是匈牙利最重要的宗教城市，全世界第四大教堂——巴希利卡教堂（Basilica）就座落在這個多瑙河邊的小鎮，匈牙利音樂家李斯特在教堂完工時還曾作彌撒曲表達敬意。從布達佩斯出發，可以在Arpad hid巴士站搭車，車程一個半小時，438弗林。（台幣：匈牙利幣＝1：7.3）

　　放好行李，隨即進行這樁住宿契約的畫押。果不其然，三個人分住兩間房，一人平均下來，竟超過了1000元台幣。

　　「不……會……吧……」我的心裡吶喊著，這名字又長又不好記的小鎮，民宿的身價竟如此不凡，連堂堂首都布達佩斯的民宿也望塵莫及啊！布達佩斯民宿索價台幣500多元，還

包括美味早餐！

於是我們試著提出建議：三個人擠一間。

這個建議大概有點複雜，胖太太搖著手，一臉嚴肅：「＃＠＆，I think %$*……」臉上十分地為難，我們開始擔心得在這裡賣藝籌旅費了。

不久，她終於說出通關密語：Moment！（等一下）。

到匈牙利以來，這個字已經成為打破石門的咒語，只要有人說出「Moment！」，馬上就會有其他人破門而入，以我們能夠瞭解的英語，把我們從一堆問號中解救出來。

Alex就是我們今天的英雄！他在電話裡輕鬆地擺平一切，沒問題！我們如願擠在一個小房間，三個人共14500弗林，一個人台幣700塊左右。在塵埃落定之後，一旁依舊戴著墨鏡的時髦孔武女士也綻開笑臉，為我們搬來豪華房間的重要設備——電風扇！

我想，一定是匈牙利大部分時間都很冷的關係。

晚上回來之後，一位瘦削、英挺的男士在門口迎接我們，迷人的笑容、親切的談吐，逐漸地揭露他民宿主人的身份。

「Call me Alex！」Alex深褐色的臉擠滿笑容，向我們自我介紹。當他倚在門邊輕輕地說話，簡直就像小一號的史恩康納萊。

他會說英語、匈牙利語、捷克語、德語、波蘭語，這些

年來四處闖蕩，到處都交了不少朋友。他對亞洲也非常感興趣，下一步還想要學中文或是日語。

　　Alex熱情但又不失優雅地詢問我們從何處來、到哪裡去，而我們像是找到親人一般，七嘴八舌向他傾訴一路上碰到的各種突發狀況。Alex時而皺眉、時而微笑，略一沈吟，他掏出名片，在上面註明了他的手機號碼，用充滿魅力的口吻說：「在匈牙利有任何問題，只管打電話給我！」

　　清楚記得他的神情，寫著瀟灑不羈、兩肋插刀，著實讓人覺得安心哪！我們三人的臉上，應該也都清清楚楚寫著「感動」兩個字吧！在匈牙利期間，我們確實緊緊抓著他的電話號碼，就好像護身符一樣。

Alex的民宿，白色小屋有希臘味道，搭起大傘喝美酒很棒，沒冷氣就別挑剔了。

這個小別墅雖然貴了些，但是視野真的很不錯。可以遠遠看見教堂的屋頂、城鎮邊境的樺樹林，當然還有清清朗朗的匈牙利小鎮之月。而住在這裡的房客中，就屬我們最年輕，其他都是四五十歲的中年人。根據偵察車牌的結果，他們有許多是來自德國，搞不好都是些大企業高級主管也不一定，一不小心跟他們住在同等級的小別墅，心裡竟冒出小小的虛榮感。

　　晚上星星璀璨，這些先生太太們準備了美酒，紛紛坐在房間前的小桌吟詩作對。我們沒有美酒，倒有牛奶一壺，也跟著欣賞起月色。直到夜深了，我還依戀著寧靜的夜不想進屋去。

　　「Be careful！ It's a little cold.」Alex又出現了！他溫柔地走近我，一一告訴我眼前那些建築的名字，不久他又問：「Will you stay outside for long？」

　　「嗯……」，此時，習慣性猶豫不決又攫住了我，臉部大抵一陣扭曲閃過。

　　「Well, follow me!」Alex輕輕地呼喚。

　　哇！會發生什麼事呢？我一半興奮、一半遲疑地隨他前進，走到一個插座前。

　　原來，Alex精巧地設計了許多燈，來妝點這個小別墅晚上的美麗，而現在Alex已經要來關燈了，為了不打斷我的興致，他直接告訴我開關何在，並請我要進屋時幫他關燈。然後像個紳士般輕輕欠身，祝我有個美好的夜晚。

　　看著小一號史恩康納萊離去的身影，心裡像有小火爐在燃燒。小鎮的美好和Alex熱情的手機號碼都讓我覺得，住在這裡一定是上天有意的安排。匈牙利的經濟正在前進，經營這個小別墅，其實也不容易吧！我幾分鐘後隨即關了燈，繼續坐在夜色裡，獨自欣賞黑暗裡星星的美麗。

NEWS ○○○○○○○○○○○○○○○○○○

❉ Estergom可以住宿的地方的確比較少，在這裡住宿的遊客也不多，以下幾家都可以考慮：

Alex的民宿Ria pension，Battyany utca 11：包括非常豐富的早餐——蕃茄切片、火腿、起司、牛奶麥片、白煮蛋、麵包、咖啡、果汁……

❉ Alabardos Panzio, Bajcsy-Zsilinszky utca 49：因為覺得Ria Pension太「高檔」，我們隔日就偷偷喬遷到有大狗的這一家民宿，也有很棒的早餐，特別難忘自製的櫻桃果醬！三人住一間寬敞的四人房，15000弗林。

❉ Platan Panzio, Kis-Duna Setany 11：最便宜的大概是這一家，不過離車站比較遠，而且因為便宜，我們到的時候已經全滿了。

Esztergom是宗教重地，在夕陽照拂下，
這雕像既有古意更顯滄桑，彷彿逝去歲月的凝結。

誤闖韓國大使館

世事難料，
就算我們極力想和韓國人保持距離，
最後竟然自投羅網，
跑到韓國大使館去了。

在前往東歐之前，由日本、韓國主辦的世界盃足球賽剛剛落幕，那陣子最常收到的電子郵件之一，就是教導大家如何用各種語言說「我不是韓國人」。起初收到這樣的信件還覺得有趣，但隨著出發時間的日益接近，我卻愈來愈笑不出來，最後簡直到了心裡發毛的地步。說真的，雖說東歐的足球風氣並非如此盛行，在世界盃中也未遭「毒腳」，而且絕大多數東歐人依照「人性本善」原則，應該都是文雅有教養的文明人士。但這種事誰說得準？萬一真的遇上了什麼討厭韓國人的瘋狂球迷，到時即使說出外星語的「我不是韓國人」，也是藥石罔效。

　　世事難料，決定盡盡人事讓自己安心。

　　首先，從身上行當著手，挑出不小心買到的韓國貨，剪掉標籤，銷毀證據。

　　其次，檢查儀容，努力在最短時間內擺脫大圓臉、小眼睛，實在沒有辦法，只好戴頂帽子，並且時時撐傘，寧可被當作日本妹，也不能被誤認為高麗棒。

　　不過，當真是世事難料，就算我們極力想和韓國人保持距離，最後竟然自投羅網，跑到韓國大使館去了。

　　這件事，是這樣發生的。

　　剛到布達佩斯的我們，雖暫時在青年旅館落腳，但又極想搬到民宿，體驗道地的「匈牙利家居生活」。於是我們從攜帶的資料中選定瓦莉太太（Nemeth Vali）的民宿，作為第一

次出擊的目標。不過或許是資料太舊，電話一直打不通，但是沒關係！初抵東歐的我們充滿熱血，決定直接照著地址找去，也可看看環境再做決定。

NEWS

※瓦莉太太的家：VIII. Osztaly u. 20/24 A11 (1)313-8846。

手機：06309475348，可以請她到車站接，或是搭乘地鐵M2到Nepstadion站，再走十分鐘左右，這就考驗看地圖的功力囉！

在陌生的城市裡探險其實不難，需要的不過是**厚臉皮**、**第六感**，和無比的**想像力**。切記，三者同樣重要，請務必交叉運用之。即使街道名與路標全都是看不懂也無從猜測的天書，但根據經驗法則，只要運用以上三寶，幾乎都能柳暗花明、化險為夷。

在一番艱辛的摸索之後，我們來到一個看似相當繁榮的地鐵站出口，一股雀躍從腳趾油然生起，雖然渾然不知自己置身何處，但隱約覺得，已經十分接近布達佩斯人平實生活的心臟。

後來又經過一番血淚斑斑的迂迴繞行，並稍微驚動了不少趕路中的匈牙利白領男女、帶小孩散步的媽媽、疑似要去泡溫泉的老先生等，我們終於來到一個很像國宅社區的地方。這個區域大部分的建築都是長相極其類似的黃、白色公寓，陽台幾乎沒有花草，並且因為太過整齊，幾乎讓人感到有些慘白。

這樣看來，這兒可是不折不扣的住宅區了！路上行人稀

稀落落，看到我們總會稍微打量一下，不過態度都十分和善，並沒有什麼惡意。其中只有一位打著赤膊洗車的老兄，因為看我們看得十分入神，竟然把水噴到自己身上，而讓我們心裡感到小小的恐慌。

瓦莉太太的民宿便隱身在這些公寓之中，位居二樓。我們繞了很久終於找到目的地，在興奮地擁抱擊掌之餘，也不忘先在樓下張望一番，看看環境如何，簡直就像獵人謹慎地審度他的獵物，或像殺手探勘作案的地形。

接著，殺手們同時發現，陽台上竟然非常突兀地插了一支醒目的韓國國旗。

真的挺詭異的，好像不小心進到韓國人地盤來了。

雖然心中萬分遲疑，但畢竟是費盡千辛萬苦才到了這兒，為了不辜負曾經指點我們迷津的男女老少，我們仍舊決定上前一探究竟。而就在門「咿呀」打開的同時，我們又狠狠倒

布達佩斯的住宅區，我們就住在這黃色公寓裡。

吸了一口氣。

　　這不是一位金髮綠眼、不折不扣的匈牙利太太嗎？完全正確！不過她的身上穿了一件寫著「龍」字的T恤，門上貼的一張小海報，則密密麻麻寫著韓文。

　　我當時有種錯覺，她在開門前其實繫著日本忍者的頭巾，腰後則肯定藏了把雙節棍！

　　是的，她就是瓦莉太太，這間民宿的主人。她非常開心地迎接我們，並且答應為我們保留一個合適的房間。一個晚上一人不過4000弗林（約500多塊台幣），還供應附有匈牙利牛肉湯的豐盛早餐。

　　我們後來才知道，原來瓦莉太太在韓國的自助旅行界已經有口皆碑，因為環境整潔、服務好，價錢也公道，到布達佩斯來的韓國人幾乎都會光顧這裡，甚至有人把她在韓國網

瓦莉太太家的早餐，貼心地準備了名產牛肉湯和匈牙利火腿。

站上的玉照送來給她瞧瞧，知道自己在韓國這麼紅，瓦莉太太自然開心不已。如今，整間民宿住的大部分是韓國人，他們前仆後繼地在牆上留下大片留言，也給後來的旅行者許多旅行建議。而我們在大片韓文的字海中，終於還是找到了台灣前輩留下的少數隻字片語。在異鄉見到熟悉的中文字，讀到「我來自台灣台南」這類小紙條，特別是在這個被非我族類環伺的地方，簡直感動得要跳起舞來。

在我們居住這裡的三天中，只有另一位台灣女子、四位香港人不是說韓國話。一時間，在這個小小的民宿竟也自然而然地形成了韓國／非韓國兩個壁壘分明的陣營，並且分居民宿的兩側。兩邊根本無冤無仇，但除了打照面時稍微微笑之外，對彼此幾乎互不搭理，甚至還會暗中互嫌對方吵鬧。白天各自在外面玩不會有什麼感覺，但是當晚上大家都在的時候，氣氛還真是有點詭譎，即使偶然在廚房或客廳碰面想跟韓國室友聊聊，但只要一想到那支耀武揚威的韓國國旗，就還是硬下心來，決定不作聲地離開。

有一回，香港朋友甚至像失寵的小孩子，抱怨起瓦莉太太偏心，總是跟韓國人說話，卻干涉他們使用廚房。

離開自己土地的時候，那種叫做民族主義的情感彷彿便莫名地強烈起來。即使這裡的環境真的不錯，但在離開的那一瞬間，不知怎的，還是有種鬆口氣的感覺。

終於……離開韓國人的勢力範圍了……。

至於我們在此行中，到底有沒有被誤認為韓國人呢？答

案是,有的,不過竟然是好幾次被韓國人誤認為自己的同胞。對於這一點,我們已深自做了檢討,覺得不外乎以下兩項原因:

　　1. 韓國人眼力太差,認不出自己人。

　　2. 韓國人的眼裡只有韓國人,以為眼前所見盡為自己的同胞。

　　除了以上兩點,我堅決地相信:不可能,還有,其他的原因。

NEWS

❀ 布達佩斯旅遊網站:http://www.budapestinfo.hu/ 有很豐富的景點介紹及食衣住行等相關資訊。

❀ 布達佩斯住宿資料:http://www.budapesthotels.hu/

布拉格查理大橋上的雕像，承載了背後城堡的嘆息。

布拉格迷蹤記

荒煙蔓草半人高、
一棟房子影也無，
這不就是那所謂的荒郊野外嗎？

初到一個城市，必須弄清楚城市裡的交通運輸系統，這個重要性我是知道的。不過沒想到，在到達布拉格的前三個小時，我們就如此迅速地達成了這個使命，這種效率真是前所未有。

從捷克童話城契斯凱布達札維（Český Budějovice）移師到布拉格，可以搭火車也可以坐巴士，不過正如之前所聽說的，火車快不了多少，而且也貴一些。

NEWS
✵布拉格的主要巴士站
Florenc, Praha 8
Anděl, Praha 1
Roztyly, Praha 4

詳細數字如下（當時1克朗＝新台幣1.1元）：

坐火車：二小時23分鐘，126克朗；

坐巴士：二小時30分鐘，104克朗。

真的是差不多吧！所以我們就決定坐巴士了，雖然考慮到巴士可能會有塞車的問題，不過火車誤點似乎也是非常自然，沒有人會感到意外或跳腳的樣子。

NEWS

❄Vera Hlavac 太太
住址：Praha 3, Na Balkane 126
E-mail: vera.hlavac@atlas.cz
電話：+420266314166
網址：
http://mujweb.atlas.cz/www/vera.hlavac/

在來布拉格之前，我們早早就透過網路訂妥了民宿，是一家位在第三區，由Vera老太太經營的可愛樸素小房子。而在到達布拉格的前一天，也已經跟Vera用電話聯繫，她會來車站接我們。這真是一大福音！從匈牙利、奧地利一路到捷克，我們的行李箱已經擠爆到拉鍊處出現裂痕，也早就動用了準備裝戰利品的shopping袋，手上還常常得提著大瓶礦泉水、餅乾等補給品。拖著行李一路顛簸，著實痛苦萬狀、險象環生。

和Vera約定的地點，是在布拉格最大的巴士中繼站「佛羅倫斯」（Florenc），這是個往來頻繁的交通樞紐，因此Vera還交代我們寫大字報「Taiwan」，讓她能夠辨識我們。以前每次在機場看到有人在身上掛著大字報都會偷偷嘲笑一番，這下可好，終於輪到自己了，不過人在異鄉可不能太鐵齒，還是乖乖遵命吧！

坐巴士旅行其實是十分愜意的，可以打盹，可以欣賞草木蓊鬱的公路風光，也可以偷瞄車上的俊男美女，不過沒想

到坐巴士的人竟然如此踴躍，沿路都有人上車，結果不僅走道上站滿了人，甚至後來還有人根本擠不上車，讓我心裡頗為不安，特別是在車子搖搖晃晃的狀態下，站著的乘客肯定十分辛苦。不過大家也都十分樂於讓座，有點年紀的公公婆婆們，上車一定會得到位子。

在人多的情況下，巴士努力以「肯定會遲到」的速度緩慢前進著，實在讓人為勢必得等上一陣子的Vera憂心不已，不過我們仍然樂觀地想著，「Vera是捷克人，應該知道巴士十之八九會遲到吧！？」這種想法簡直就像跟某些朋友約定時間，知道對方鐵定遲到而刻意晚十五分鐘抵達的心理一模一樣。沒辦法，充滿罪惡感的我們只能如此安慰自己。

巴士花了三個小時終於抵達車站，司機也請大家全部下車，但我們在下車後卻全部呈現杏眼圓睜的驚詫狀態──荒煙蔓草半人高、一棟房子影也無，這不就是那所謂的荒郊野外嗎？哪裡是什麼「人聲鼎沸」的場景！真是與想像完全不同。再努力伸長脖子仔細張望了好一會，好不容易才在遠處瞄到車站建築的一小角，天啊！原來這裡壓根就不是什麼佛羅倫斯車站，而是「羅姿里車站」（Roztyly），這神秘的羅姿里車站到底是什麼地方？我們到底被載到哪裡去了呀？

趕緊問了司機伯伯才知道原來我們根本就搞錯了，布拉格有好幾個長途巴士站，羅姿里就是其中一個，其實車票上寫得非常清楚，這班車是到這個車站沒錯，只是我們眼睛太大根本沒有注意到。司機先生還指點我們，羅姿里同時也是

個地鐵站,要去佛羅倫斯站,可以搭地鐵前往。

　　至此真相大白,我們不僅遲到,而且根本約錯地方,可憐的Vera真是完全被我們耍了,慚愧至極的我們趕緊打電話給她,而Vera也的確在家裡等著我們的電話,原來,她剛剛已經去過佛羅倫斯車站,發現並沒有從童話城開去的車子,立刻就知道我們一定搞錯了。

　　沒關係,一切還有救!充滿愧疚的我們和Vera重新約定碰面的地方,並且保證不會再發生這樣的烏龍。這一回,決定將錯就錯約在佛羅倫斯車站的月台,Vera強調我們一定要待在月台,因為離開車站之後到處都是人,恐怕寫一百張大字報也沒有用。

　　羅姿里和佛羅倫斯兩站都在捷運的紅線上,其實距離並不遠,十幾分鐘後我們就順利抵達佛羅倫斯,並且依照約定乖乖待在地鐵的月台。看著月台上熙來攘往的人群,心裡真是徬徨無助又緊張,同時也隱隱覺得有點怪 —— 為什麼會約在地鐵站的月台呢?難道Vera還要特地買張地鐵票到月台來接我們嗎?大概……是Vera有什麼特殊的票可以在地鐵站無限次出入吧?!總之,這個念頭一閃即逝並未在腦海停留太久,而這完全是因為不願意去面對細思之後可能發現的恐怖真相。

　　唉!人在很多時候是如此的脆弱啊!

接下來的畫面，實在是我不願再重新憶起的──我們三人先是輪流在月台來回穿梭，盯著每位老太太的面孔尋找是不是有人長得像Vera，繞了半天實在找不到又怕繼續盯下去會遭白眼，只好把心一橫拿著寫了「Taiwan」的大字報，假裝若無其事地在地鐵站晃來晃去，甚至還從佛羅倫斯站的紅線月台晃到黃線月台（佛羅倫斯是黃、紅線的轉乘站），真是十足的不自在，天啊！不會有人以為我們是在「拉客」吧！

　　如果只是丟臉那就算了，更恐怖的是還得面對警察的查票，因為我們買的12克朗地鐵票只能在捷運站裡待一個小時，如果超過就得面臨罰款。而我們這東方面孔果然是警察下手的第一目標，在短短十幾分鐘內就被查了兩次。眼看著時間一分一秒逼近，當下實在是眼中含著兩泡淚水，只想仰天吶喊：Vera，你到底在哪裡？

　　我們終究在最後一分鐘，撤離了地鐵站。

　　走出車站，果真是人潮洶湧，身材高挑的年輕男女氣定神閒、背著走過半世紀舊布包的長髮老漢一跛一跛，還有好幾位老太太穿著風衣挾著輕風款款走過，這些風景或許都很有味道，但並不在今天的計畫之內。此刻的我們像是因為誤闖另一個時空而驚惶失措的外星人，彷彿是在布拉格，卻不真正知道自己到底在哪裡，真是秋風颯颯、無比悲涼。不斷打電話給Vera卻都沒有人接，實在讓人擔心她會不會發生意外，或是一氣之下不理我們了？我們在茫茫地鐵站到處穿梭，甚至還到真正的佛羅倫斯巴士站到處尋覓，但全都一無

所獲，也無暇體會布拉格的風情萬種。小時候在百貨公司迷路，大概也是這種感覺吧！

此時除了不斷打電話給Vera，實在沒有別的辦法。當然心裡其實很清楚，打電話的同時，她肯定也正在布拉格的某處努力尋找我們這三個愚蠢的傢伙，而明白這一點，更讓我們的無力與不安達到高點。

Vera的電話一直沒人接，生平第一次，深深感覺到手機的可愛。

這個故事的最後，我們終於還是到了Vera可愛的家，不過那已經是Vera第三度開車出門的事了，Vera的鄰居大概會覺得她那天生意特好、超級忙碌吧！

Vera第二次出來等我們始終等不到人，再度回家之際，終於接到我們的電話。原來，我們又搞錯了！Vera原先是叫我們到佛羅倫斯「再下一站」的出口等候，因為那裡人比較少，但我們誤會了她的意思，還是呆呆地跑到佛羅倫斯來了。雖然此刻終於弄清楚剛剛約定的內容，但這時我們已經身處於完全陌生兼人潮洶湧的市區當中，在經過這一連串波折後，Vera實在不知道還能怎麼約，我們才不會又搞錯，她在電話那一頭著急，我們這兒也是心慌意亂。

想不到，全球化的資本主義在此時發出微笑，我們竟在慌亂沮喪中發現，附近有一家「麥當勞」！這下容易，我們立刻決定，就約在那金色拱門大招牌！

這是附近唯一的一家麥當勞，也只有一個門口，再也不會錯了！Vera第三度出門，開著她的小車來接我們，在大家終於見面的那一刻，場面真是激動，熱淚盈眶之餘，真想狠狠抱住她說一百次對不起。Vera還拿出她寫的大字報給我們看，告訴我們她是如何地擔心。

而在發生這一切之後，唯一的好處就是我們徹底弄清楚了捷克的大眾運輸系統，畢竟在那段尋尋覓覓的時間裡，書上記滿火車、巴士站資訊及地鐵站資訊的那幾頁，已經被捏得瀕臨粉碎。

也真多虧有充滿耐心的Vera，她就是我們在布拉格遇見的天使！

NEWS

❉布拉格的地鐵、電車、巴士一票到底，12克朗全票一小時內可以搭乘任何交通工具（假日延長為90分鐘），也有8克朗全票，效期15分鐘，不可轉搭不同交通工具，地下鐵最多搭四站，另外還有一日票、三日票、七日票等。布拉格適宜步行，時間充裕的話坐巴士或地鐵的機會其實不多。至於買票的地方，包括地鐵車站（售票口或自動售票機都可以買）、Kiosk（車站邊常可見到的小商店）等。注意車上或街上的電車停靠站並不賣票，因此最好事先買票，免得像我們一樣，好不容易找到車站或是車子快開了，卻因手上沒有票而無法上車，還要到處找賣票的地方。最後，上車記得打票，匈牙利、捷克的查票員都十分堅守工作崗位！

綠色的捷克火車，懷舊程度和匈牙利有得拼。

歐洲城鎮多的是這種古風小巷、精巧房舍。

與「猛男」同居

實在沒有料到，此行「一夜室友」的陣容竟如此龐大堅強，
其中居然有不少是喜愛半裸的猛男！

自助旅行的一大樂趣是來自「未知」。

　　早上睜開眼，往往不確定自己晚上能睡在哪裡，會遇到哪些人，又會擁有來自世界哪個角落的「一夜室友」。

　　不過實在沒有料到，此行「一夜室友」的陣容竟如此龐大堅強，其中居然有不少是喜愛半裸的猛男！早知有如此多機會和陌生異性在狹小房間內共度浪漫夜晚，至少，唉！應該帶件比較稱頭的睡衣吧！

　　大多數青年旅館管理嚴格，男女必須分開住宿。但也有不少青年旅館或許是「崇尚自然」，不但男女共處一室，甚至連廁所及浴室都是共同使用（當然不是天體營，浴室還是有隔間的）。幾次經驗下來，我已能夠在浴室和男生打招呼而面不改色，並且習慣了許多帥哥上完廁所竟然不洗手的事實。而這些體驗也的確為旅行添加了不少刺激、新奇，與期待。

　　第一次進駐「混合型青年旅館」，是兩年前一個人旅行，在蘇格蘭的愛丁堡。一個大房間裡十六個床位，全是上下舖。不僅燈光昏暗，牆上還畫著好幾位穿著暴露的女性，著實讓人不太舒服。不過，在藝術節期間，不必露宿街頭早就應該謝天謝地，哪裡還敢挑剔，只好挑了個位居角落的上舖位置，比較具有安全感，同時也可以「居高臨下」（事實證明，這的確是個可以一覽無遺、掌控全局的重要戰略位置）。

　　不久，理查進來了，他來自倫敦，並且完全符合我對英國紳士的想像。先是很意外地表示不知道房間裡會有女生，用那所謂的英國腔向我道歉與問候，然後輕手輕腳地鋪床、

整理行李，連更換上衣都乖乖拎著衣服到洗手間去，剎時覺得「歐洲男士果然如此溫柔有禮」！不過，這畢竟只是錯覺罷了！

　　事實上，青年旅館裡什麼樣的人都有可能遇到，單以這次旅行而言，我們在維也納，有三個晚上是住在這種男女混合的青年旅館，結果不但每天換新室友，而且每一位都是不同典型與個性的模特兒級人物。晚上起來，不小心欣賞到各種具有異國風味的睡姿，真的是恍如夢中，而且不願醒來。

　　第一個晚上，是由來自澳洲的排骨與大胖擔綱主演。排骨瘦削、金髮，臉上漾著湯姆克魯斯般的孩子氣笑容。初次見面，他極為有禮地與我們寒暄、說笑，讓我想起了英國紳士理查，而大胖則一直溫柔地在旁邊點頭微笑，保持安靜。當我正幻想著他們可以用「排骨與大胖」的名號闖蕩好萊塢，絞盡腦汁努力為他們擘畫未來星途之際，兩名美國辣妹也來到這個房間，並且立刻讓排骨原形畢露。排骨不僅卯足了勁與她們攀談，而且一直用誇張的動作搭配其實不怎麼好笑的笑話，試圖攫取辣妹的注意力，簡直如同上唱遊課一般，可惜，辣妹並不領情，反倒是我們這些閒雜人等，在一旁偷笑得內傷嚴重。

　　好戲往往在深夜上演，此時觀察的戰略位置便顯得格外重要，接下來，床邊記者便在居高臨下的好位置，展開第一個晚上的實地觀察……

半夜一點，開門聲把我從夢中喚醒，排骨和大胖剛從青年旅館附設的pub回來。大胖不愧是大胖！最關心的是床鋪。他仔細地檢視了床鋪的結構，奮力搖撼，還彎身觀察接縫是否牢固，接著安心地向睡下舖的排骨報告：「這個床很堅固，放心！」不過，排骨顯然絲毫不在意自己是否會在睡夢中被同伴壓扁，而是不斷談論著剛才在pub中相談甚歡的某位女孩。既誇她漂亮，又說人家身材好，在他那段短短數分鐘的睡前宣言中，他就說了「girl」這個字不下十次，同時還伴以陣陣奸笑。早上那清新男孩的形象早已碎成片片，並且隨風而逝了……。

　　不久，兩人脫去上衣正式就寢，大多數西方人或許同樣是基於「崇尚自然」的情操，在睡覺的時候穿得都不多，連出門在外也是如此，而且男女皆同。這也就是為什麼排骨不安分的賊眼不時要飄向隔床那已經熟睡的美國辣妹，這位美眉睡得如此香甜，絲毫不覺肩膀與玉腿都已在棉被之外向排骨打招呼，如緞肌膚光亮潔白，連我都覺得姿態撩人呢！

　　第二天晚上，來自紐西蘭的金獅成為我們的新室友，金獅有著一頭張牙舞爪、彷彿努力想離開這顆頭顱的蓬髮，配上孔武身材、炯炯有神的棕色大眼，非常適合在「英雄本色」這類電影中軋上一個武士的角色，可說是個走粗獷路線的美男子！而且他又十分開朗有禮，初次見面，便拍著胸脯，把手放在胸前，如同立誓一般擔保：「I'm good. I'm a good boy.」他確實是我們相當懷念的一位室友，不僅從頭到尾彬彬有

禮，把浴室和床鋪都維持得十分乾淨齊整，而且向我們建議
了許多有趣好玩的地方，可惜他也只住一個晚上就告辭了。

　　紐西蘭版梅爾吉柏遜才剛走，澳洲版山普拉斯又來報
到。第三晚的室友非常高大，肩膀寬闊卻十分精瘦。雖說是
澳洲人，但我堅信他一定有希臘血統，黑髮加上下巴的一撮
小鬍子，與山普拉斯十分神似。他的臉上始終掛著怡然的微
笑，但又十足安靜不多話。本來以為是個恬靜的傢伙，但到
了晚上，當我們也到青年旅館的pub小酌，卻赫然發現，他正
與在青年旅館工作的一位豔麗女郎相談甚歡，喝得滿臉通
紅。讓本想與他深入交談、把酒言歡的我們，登時決定識相
地離開。

　　結果，在隔天早上，當我們要check out的時候，赫然發
現山普拉斯竟已登堂入室，端坐在櫃臺之內，與那位豔麗女
郎並肩而坐，十指交纏，深情凝望。仔細一想，他昨晚似乎
並未回房就寢，咳咳，所謂「咬人的狗不會叫」，安靜沈穩的
山普拉斯，大概要讓多話的排骨豔羨不已了。

小鎮遊蹤

2

錯落的木屋、小教堂的尖頂、碧綠的山，全都倒映在湖面，
湖上一排排傳統木船在陽光照耀下閃閃發亮，而沈睡著的山
也在陽光的逐漸逼近中，一點一點甦醒。

■匈牙利火車懷舊之旅

■披著灰外套的童話王國

■詩人之湖

■護城河之熊與小情侶明信片

■溫泉鄉大開眼界

■攝影師的一天，在哈斯塔特

匈牙利小鎮可愛房子眨眨眼，
看得目不轉睛。

匈牙利火車懷舊之旅

在這流行懷舊的年代，一列遠離家鄉千百里的美好火車，
竟把我帶往童年，看見了當年那個在火車裡偷偷許願，
要坐火車到天涯海角的小小女孩。

許多人喜歡坐火車繞著歐洲旅行，既方便又舒服，而且很有機會發生美麗的邂逅。想想，拿本「湖濱散記」倚著窗邊閱讀，往窗外看看，雄偉的山脈或恬靜河岸風光向你招手，讓人心情大好，再把頭轉向另一邊，搞不好就有雙炯炯大眼笑著望你，問你一塊去餐車喝杯咖啡吧！真是光想想都覺得甜蜜。不過，在前往東歐之前，竟接收到許多規勸，叫我棄火車就巴士：「匈牙利和捷克的火車速度慢、比巴士貴，而且等你搖到目的地，頭已昏了好幾次。」哇！簡直就是集所有缺點之大成，讓我更想試試火車，好好體驗一下。

這天是離開匈牙利的日子，要從Esztergom坐巴士到Komáron，再搭火車到邊境大站Györ，接著換車到維也納，真是好大的工程！在這語言不通的地方，料想勢必會有一場比手劃腳的廝殺，因此，為了順利達成「坐上正確的火車」這卑微的願望，我們行前早已摩拳擦掌，把車票、車站這幾個字的匈牙利文都抄在小紙條上，準備隨時從口袋掏出。依照前幾天的慘烈經驗，這套「錦囊妙計」的法子非常奏效！

來到Komáron後，雖然早有心理準備，卻還是狠狠嚇了好大一跳：怎麼……這麼像台灣小鎮的火車站，譬如很久以前舊的集集車站，或是佇立在田野間，彷彿一出車站就被田野環繞的那種木造車站，恍惚間竟好像置身在泛黃的舊照片當中，所有景物都覆蓋著一層薄薄的焦黃色，真是懷舊之情油然而生。

懷舊之餘趕緊找到售票口，棕色大捲髮的中年太太從木

窗口裡露出臉來，看到我卻皺了皺眉，眼睛直盯著我瞧，嘴巴微張似乎想說話卻像被點了穴，呆了半晌才呱呱呱地說了一堆。

在這種時候，除了問你要去哪裡還會說什麼呢？我立即拿出秘密武器小紙條──Komaron→Győr→Wien，再用手指比個三，順便給予甜美微笑，顯示出台灣人聰慧與準備充分的一面。

依照理想劇本，大捲髮太太應該很快給我車票讓我付錢走人，不料，此刻她竟又咕咕咕說了一堆，然後笑著等待我的回答。

什麼呀？問我要刷卡付現？搖搖手上的錢，她搖搖頭；問我要來回票嗎？趕緊拿出「單程」這個字的紙條，她看了看還是搖頭，此時真換我呆了，江郎才盡四字正是我的鮮明寫照。

終於，售票窗口出現另一位年輕小姐的面孔，她應該是看不下去了吧！因為就在這片刻的僵持中，後方竟然已經排了一串不算短的隊伍。當我回頭一看，腦中立刻浮現兩個念頭：一是，想不到這個小小車站這麼熱鬧，搭車的人這麼多，真是車站也不可貌相；第二，即使身陷在這不算短的隊伍中，這些匈牙利人卻都很有耐心，只是一臉關切地看我是否能夠解決問題而沒有絲毫催促焦急的神情，不過，他們對於眼前的僵局似乎也都愛莫能助。

這位拔刀相助的年輕小姐掏出一張紙，畫了三個可愛的

小人，三人伸出手齊心協力捧著一張大大的票，接著她再畫了另外三個小人，擺出勝利的姿勢，手上各拿一張票，這樣可就清楚了！原來大捲髮太太是問我要分開買還是共用一張票，這實在是相當複雜的問題啊……若沒有年輕小姐的漫畫說明，我想給我八百次機會也猜不出來。而且那年輕小姐還不忘在拿著票的勝利小人臉上劃上彎月微笑，天啊！這……也未免太可愛了。

本想問問這兩種方式的價錢有無不同，但受困於溝通困難，實在不想再耽誤時間，因此立即比了三人共拿一張票那個可愛的圖，大捲髮太太隨即滿意地露出微笑。

而在下一刻，我立即慶幸自己做出這樣的決定。

因為，這裡的火車票不是從機器裡答答答跑出來，而竟然是用寫的！

大捲髮太太拿出一個小本子，寫上站名、價錢，然後掏出黑色大剪刀把票「剪」下來給我，這無比珍貴的小紙頭，就是我們三人到維也納賴以維生的票，可得好好珍藏。

喔！真是懷舊到底了。

於是，當我看到陳舊、有些銹斑的火車迎面而來，已經不會再感到驚詫，火車裡面深咖啡色的塑膠椅套、從綻開裂口看到的海綿，乃至整個車廂散發的淡淡霉味，都只一再印證了，這是一趟充滿復古風的火車之旅，而我們也合該以復古的心情好好欣賞。

紅通通的是奧地利火車，可別搞錯了！

　　坐上火車，火車的聲音大到我們必須扯著嗓門才能與坐在對面的人說話，因此我們都安靜了，怎麼忍心苛責這或許早該退休、安養天年，而不是仍在鐵道上賣力奔馳的老爺火車呢？就讓時光回到二十年前的台灣，靜靜享受這照片裡泛黃的一刻吧！

　　在這流行懷舊的年代，一列遠離家鄉千百里的美好火車，竟把我帶往童年，看見了當年那個在火車裡偷偷許願，要坐火車到天涯海角的小小女孩。

NEWS

❀匈牙利火車網站，不過是匈牙利文

http://www.elvira.hu

❀很好用的兩句匈牙利話：

☆請問幾點有到……的火車？

Kerem mikor megy a vonat……？

☆可以告訴我什麼時候下車嗎？謝謝！

Szoljon kerem, mikor kell leszallnom？

純樸的匈牙利小鎮，暗藏懷舊的火車之旅。

披著灰外套的童話王國

這兒根本是個五彩繽紛而又充滿善意的童話城。

靜謐小巧的城鎮裡，

藏著像玩具一般的糖果屋。

「契斯凱布達札維早在西元1265年便已建城，是南波希米亞的首府，也是捷克南部的交通重鎮。1832年，全歐洲大陸最早的火車路線，便是由此開往奧地利的林茲(Linz)。」

以上是旅遊書對契斯凱布達札維（Česke Budějovice）的描述，如果只看這一段，你大概會對這城市產生如此的印象——古老的交通樞紐，一個灰撲撲的工商業大城，縱橫交錯的鐵道載送著政要商賈們南來北往，在此建立起雄偉的城牆，而百年來的火車煤煙又層層燻黑了這些城牆，為整座城抹上灰黑色的面霜……然後，你大概就不想來了……

但是，嘿！完全錯誤！來到這裡你會發現，這兒根本是個五彩繽紛而又充滿善意的童話城。靜謐小巧的城鎮裡，藏著像玩具一般的糖果屋。教堂前廣場上，

連白天的巷道都如此空蕩，只有汽車和買東西的母女證明這還是人間，不是真的童話世界。

擺攤的老婦可能就是仙女的化身；而隱身在眼鏡店的微笑先生，也許是偷偷潛來幫助我們的巫師吧！

童話城的房子排排站，五彩繽紛看看缺了哪種顏色。

我們原本計畫從奧地利哈斯塔特（Hallstate）直奔克倫洛夫（Krumlov），並不準備在這裡停留，而最後改變心意落腳於此，一方面是因為她的確佔了位居交通樞紐的便宜。即使克倫洛夫看來離哈斯塔特較近，其實還是得先到這裡，再轉車前往；另一方面，也因為比起近年來大紅大紫的克倫洛夫，這裡的住宿實在便宜！事實證明，我們此行所住到最豪華的總統套房，便是位在這個童話城，而她一晚要價每人不到500台幣，並且還包括了專人服務的高級早餐！

　　童話城並不大，城的中心是號稱捷克最大的「普傑米司拉廣場」（Naměsti Prěmysla Otakara II）。廣場四周圍繞著從中世紀保存至今的建築，這些古老的建築雖然都有相當歲數，卻是不服老般各自穿上不同顏色的炫麗衣裳，齊聚廣場，簡直像是參加糖果屋的派對一樣。在糖果屋的哥德式拱廊下，雖然佈滿了商店、銀行與餐廳，但每回駐足其間，還是可以輕而易舉地，回到中世紀那個屬於武士與貴婦的時代。

普傑米司拉廣場，像不像房子圍著廣場開會討論？

　　瞧！童話廣場上的建築，不都詳實紀錄著曾在這兒發生的故事嗎？廣場西南角的市政廳，就是過去正義的堡壘，正門上四座象徵著正義、勇氣、智慧和勤奮的雕像，正是勇士們忠實遵守的信條。而對街聳立的黑塔（Černe věž），就是被下了咒的邪惡基地，高72公尺的它，居高臨下，睥睨一切，試圖統治童話城，卻終究被正義擊敗。廣場正中央豎立著的大力士噴泉，怕就是最後那一場大戰的發生地點吧！

市政廳雕像中的正義、勇氣與藍天下的智慧、勤奮。

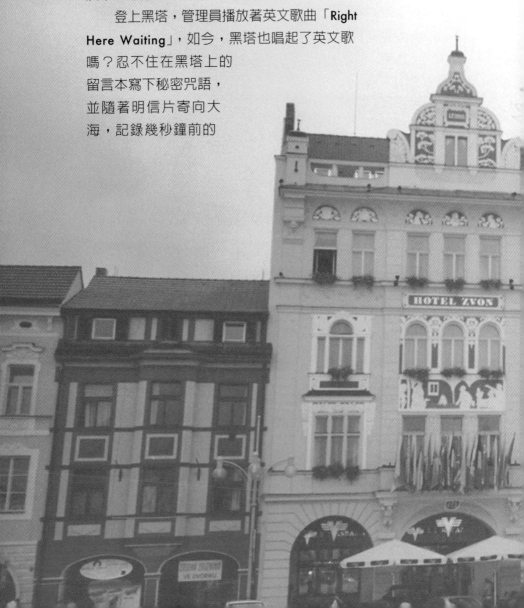

　　廣場東南邊，一棟百年旅館「Hotel Zvon」在悠悠歲月裡注視著這一切的發生，同時也不斷繁衍後代，旁邊陸續蓋起二館、三館。在裡面用餐，正可從餐廳裡依舊富麗堂皇的裝潢中，想像當年的風華與傳奇。

　　登上黑塔，管理員播放著英文歌曲「Right Here Waiting」，如今，黑塔也唱起了英文歌嗎？忍不住在黑塔上的留言本寫下秘密咒語，並隨著明信片寄向大海，記錄幾秒鐘前的

中古心情。

　　離開廣場，置身教堂前，過去的一抹記憶忽地從腦中竄出，告訴自己其實正在一個過去被許多人稱為「鐵幕內」的國家。小廣場上許多老先生老太太擺攤賣著自家的蔬果器物，笑呵呵看著興奮的我們在他們也許待了一輩子，再也熟悉不過的地方到處拍照。注視著他們深褐色的臉上皺紋縱橫，每個刻痕對我而言，都是一個陌生的星球。

的確，這個童話小城有段滄桑的過去。她原本是德國的領土，一次世界大戰後割讓給捷克，如今的居民幾乎都是捷克人。好想知道，走過動盪的數十年，這些老先生老太太，擁有什麼顏色的青春記憶？如果能通曉童話國的語言，應該能從他們口中，聽到和過去所聞截然不同的故事吧！

　　此外，這裡除了捷克人，也可以見到幾個亞洲面孔經營著廉價的服飾店。又不知道是過去哪一段歷史，把他們帶來這裡，甚而生根茁壯。不過到了今天，在大多數旅人眼中，歷史的重量恐怕已被這些五顏六色的糖果屋輕輕化解，彷彿過去的一切，都只是在水晶球裡曾經有過的幻覺罷了。

　　童話國的子民全都如同故事裡一般和善而樂於助人。剛到時急著找銀行換克朗，遊俠裝扮的男士義不容辭挺身而出，在銀行關門前帶著我們順利達陣；鏡架壞了，到大街上的眼鏡店請他們幫忙，嘴巴彎到擠出超深魚尾紋的微笑先生竟然分文不取。只有在用餐的時候，才體會到童話城畢竟不是夢境般美好，還是要到離廣場幾條街的巷中餐廳尋覓，才能享受真正便宜美味的捷克美食。如果執意要在廣場周圍的露天餐廳欣賞廣場風景，價格就會把你拉回現實，不過，比起巴黎、倫敦這些大城，仍然是便宜得多了！

　　所有美麗的童話，都是以「公主與王子從此過著幸福快

公主捧著花，真正的童話城婚禮。

這二人樂隊是婚禮的靈魂，又彈又唱帶動全場氣氛。

樂的生活」結束，彷彿正是為了印證這句話，公主與王子竟真的出現在我們眼前，讓我們有這個榮幸，作為他們幸福的見證。

　　一對新人歡欣鼓舞地出現在市政廳前，準備進入市政廳舉行儀式。親友們像小學生遠足那樣排成兩排，手裡拿著鮮花或禮物跟在新人的後面。不過全場最受矚目的，是那興高采烈、穿著黑背心的二人樂隊，他們一人拉手風琴，一人打鼓，放開喉嚨大聲唱著輕快宛如拉丁舞曲的慶祝歌謠，腳上打著節拍，簡直像要跳起踢踏舞！

　　所有廣場上的人都感染了快樂的氣氛，全聚攏來加入祝賀的行列，大家望著美麗的公主挽著王子，在眾人的歌唱聲中走進禮堂。還有什麼會比這樣一場婚禮更適合發生在這個童話小鎮，作為我們告別前的最後演出？

　　如果你也來拜訪這座童話小城，請記得，不要打擾精靈與公主的寧靜，與擺攤賣菜的先生太太們聊聊，說不定他們真的會告訴你，那些關於巫師與暴龍、公主與王子的中古故事。

所有親友就在樂聲中魚貫入場。

童話城裡的小市場接近中午，人潮稀落，各攤老闆倒是聚著聊起了家常。

捷克小城的正字標記磚紅色屋瓦再度出現，一片古樸。

詩人之湖

這個湖，像是剛切好的蘋果那樣令人心曠神怡，
又像剛出爐的土司那樣柔軟誘人。

自助旅行途中，偶爾會遇到讓人沮喪的事，或許是所有大小旅館都客滿了（只好淪落為流浪漢，抓緊外套睡車站）；或許是沒趕上一天兩三班的火車（在德國，明明車還沒開走，鐵面無私站長告訴你時間到了，下一班請早）；可能不小心當了冤大頭（唉！這種事一天至少發生兩次）；不然再嚴重點，電車上被扒了（及時發覺，結果美麗女竊賊狠瞪一眼，拂袖而去）；莫名其妙遭到警察的盤問（火車上查票要證件……嫌護照不夠有力）。算一算，其實碰到惱人事的機會還真不少，但如果就此沮喪下去，實在是愚蠢！自從去過詩人之湖以後，「無入而不自得」這句話對我來說就不再是一種模糊的隱喻，或虛無縹緲的敘述修辭。

　　這天要去捷克童話城契斯凱布達札維（Česke Budějovice）附近的赫魯波卡古堡（Hluboka nad vltavou），之前就已經在旅遊中心拿了巴士的時刻表，也事先勘查好搭車的地方，甚至在前一天晚上，還運用除了捷克文以外的各種方式，向旅

NEWS

❋赫魯波卡古堡距離契斯凱布達札維（Česke Budějovice）不過十公里，從契斯凱布達札維出發，大約半小時即可到達，因此別在車上不小心睡著坐過站了。此外，學生買票進古堡記得亮出國際學生證，雖然價目表上沒有寫，不過確實有學生價，而且幾乎打了對折。

館老闆再三確認路線，而出發這天的天氣又是如此晴朗、溫度適中，一切就如同旅館老闆那油亮的頭髮般井井有條。在出門的那一刻，我們甚至彼此相視一笑，為即將到來的這一天喝一聲采，旅行的每一天，都可能是奇蹟發生的日子！

　　在東歐，遇到的東方人沒有想像中多，互相指著鼻子興奮地說「台灣人喔！」的機會，更是一隻手就數得出來，因此，我們在公車上常常可以得到灼熱的注目禮。之前從布達佩斯到Esztergom的公車上，鄰座老太太和前座只扣了一半扣子的壯碩露胸老先生就十分殷切地與我們交談，而且愈挫愈勇非要我們明白她的意思不可，即使最後實在聽不懂，也能深深感受他們灼人的熱情問候。

　　在捷克也是如此，此刻在公車上，鄰座小美女就張大眼睛一路盯著我們，還不時回頭與另一位其實已經墜入夢鄉的小小美女交換意見。為了不讓自己覺得已經成為動物園裡的無尾熊，我們也開始對她擠眉弄眼，並在她母親回頭時立刻恢復純情的無辜模樣。這個把戲在台灣就常常練習因此煞是熟練，小美女被我們逗得咯咯笑，她的母親則一副「唉呀！好幼稚，真受不了。」的神情。

　　正開心著，忽然間，一個小小的招牌在窗外一晃而過，咧開大嘴恥笑著我們。

　　天呀！坐過站了！其實車子已經在這一站停留了一會兒，讓幾位乘客下車，但我們玩得太過投入竟絲毫沒有察

覺，這可怎麼辦才好？

　　快樂對身體是好事，但只有在悲傷時，我們才可以鍛鍊心靈。

　　莫驚慌，莫害怕。普魯斯特的名句剎時閃現我腦海，可是此刻的我並不想鍛鍊心靈，只想要到赫魯波卡古堡啊！這裡可不比台北市，站與站之間的距離並非五、六分鐘的腳程。看著巴士不斷向前疾駛，又不敢上前請司機讓我們下車（而且，天啊！這句話的捷克文要怎麼說？），當下真是一籌莫展。

　　由於我們在發現坐過站的那一刻難以壓抑地發出小小的驚呼，附近的乘客大概也都瞭解我們發生了什麼事，卻都愛

湖光山色，多想住在這裡啊！

莫能助，只能同情地望著我們。小美女還以為是什麼新把戲，也學著掩嘴叫了一兩聲，然後笑得在母親懷裡打滾，此情此景，真夠淒涼的。

　　終於，我們在下一站下了車，算算至少半小時路程，此刻的我心情就如同阿爾卑斯山的雪那樣冰，準備傾流而出的淚，就像氾濫的尼羅河那樣洶湧！而且這條公路的兩旁除了樹並無屋舍，只有呼嘯的車子大搖大擺不斷從身邊閃過，想到要在這樣單調的路走上半小時（沒有迷路的保守估計），就怎樣也提不起勁。腦中只不斷盤旋著剛才站牌閃過的那一刻，如果，不要跟小美女玩得那麼認真；如果，早兩分鐘注意到下車的人潮，那麼現在就已經在古堡裡扮公主，怎麼還會在這裡迎風走著……

　　此時，友人發現路邊有個叉路，不知彎向何處，便提議我們進去冒個險。

　　「反正，都已經晚下車了，就沿路逛逛吧！」

　　真該慶幸此時至少有一個人是清醒的，六神無主的我漠然跟著走進樹林，沒多久，惱人車聲就隱匿在身後。再走一會兒，竟像魔法一般，眼前出現一個美麗的湖！

　　這個湖，像是剛切好的蘋果那樣令人心曠神怡，又像剛出爐的土司那樣柔軟誘人，在這個時刻出現，真讓我的心緒翻騰不已。

　　湖邊，一位詩人坐在石頭上，回頭望著我們並且微帶慍色，如此凌厲的眼神顯然指控著我們，正是妨礙他成為諾貝

爾文學獎得主的最大絆腳石。

詩人惱怒地、但詩意地、很波西米亞地走到一旁，把美景讓給我們。

樹葉掉落湖心，輕輕在水面畫了一圈又一圈，既優美又靈動，不就是神秘湖的精靈在輕輕向我們頷首打招呼嗎？

站在水邊，離湖好近好近，忽然有些恍神起來，眼角也戲劇性地濕潤了，好像往這湖邊一站誰都可以變成詩人。這個湖在地圖上並沒有看到，也不知道叫什麼名字。我想，下錯站就是為了與這個神秘的林間小湖相遇吧！宿命論的我，對此可是堅信不移。

後來我們還是到赫魯波卡城堡了，完全無須擔心找不到路。第一，其實只有一條大路；第二，問路太容易，只要發出「赫魯波卡」的音，即使是牙齒快掉光的老婦，都會笑著指向山頂，那個白色的童話城堡。

不過這個時候，城堡已經不重要了，彷彿小湖才是重點！而且我相信，下次即使再去，也不會再找到那個湖，因為那是桃花源一般，難以再重返，永遠在我心裡閃閃發亮的詩人之湖！

所以，下次如果遇到什麼不愉快，先別急著皺眉頭吧！旅館客滿、沒趕上火車，都可能讓你遇到什麼生命中的貴人；至於當了冤大頭，或是被扒了，嗯，那就相信普魯斯特吧！這可是個鍛鍊心靈的大好機會！

1001 144963997 KUNDEN-BELEG 100101 272510 8
WIEN WEST
21.07.02/09.49

VISA
4563 1801 4645 5606   (2)   06/03
06000119
600201008
Genehmigungsnummer: 432102
Belegnummer: 003829

B E Z A H L T   EUR 000069,80

HUNGARIAN STATE FOLK ENSEMBLE 1
DONAU DANUBE
KONZERT
HUNGÁRIA KONCERT KFT.

5600

BUDAI VIG
Corvin tér 8.
☎ 317-2754, 20

ASZ: 12032707-2-42 SZJ 9231210

DATE: 02.07.14   TIME: 20:00   left   ROW: 03 S

CIV   MAGYAR ÁLLAMVASUTAK Rt.
CHEMINS DE FER DE L'ÉTAT HONGROIS SA.
UNGARISCHE STAATSBAHNEN AG.

	Ár Prix Preis	13650 — HUF
Érvényes Valable Gültig **2**	hónapig mois à partir du Monate ab	17. 07. 2002
HU	Jegykiadóhely Bureau d'émission Ausgabestelle	

FANTASTIKA
Black Light Theatre

Kouzelná flétna

DATUM / DATE :	30.7.2002	1300550
HODINA / TIME :	19:00	
ŘADA / ROW :	10	Přízemí vpravo Groundfloor ri
SEDADLO / SEAT :	12	
CENA / PRICE :	499,00	

110 01 PRAHA 1 - STARÉ MĚSTO, KARLOVA 8, TEL. + FAX (+420 2) 22 22 13 6

赫魯波卡古堡，完全符合中世紀
題材電影的拍片需求。

護城河之熊和小情侶明信片

克倫洛夫如雷貫耳，是捷克除了布拉格之外，

另一顆璀璨的明珠。

歐洲有數不清的城堡皇宮，但是在城堡裡有養熊的，恐怕只有捷克的契斯基克倫洛夫（Cĕsky Krumlov）了吧。

克倫洛夫如雷貫耳，是捷克除了布拉格之外，另一顆璀璨的明珠。因為城內的中世紀建築保持完整，整座城市都被聯合國教科文組織指定為受保護的世界遺產。

NEWS

❀克倫洛夫城堡星期一不見客，如果要看城堡內部，千萬不要挑星期一來喔！

如果有辦法對一群群慕名而來的遊客視而不見，那麼時間便真的可以停留在十八世紀：石板路上小巧的店鋪櫛比鱗次，帥氣的中古騎士長髮飄飄，騎著駿

長髮騎士進城了，酷得很，絕不多看遊客一眼。

馬四處巡視，只恨之前沒有
在匈牙利或薩爾茲堡買一件
中古世紀的圓蓬裙來和武士
相匹配。那種在卡通裡看
到，有蓬蓬袖、胸前畫了
好幾個叉叉的長裙，之前

NEWS

❋克倫洛夫的官方網站：
http://www.ckrumlov.cz/

在匈牙利森坦卓（Szentendre）和奧地利薩爾茲堡（Salzburg）
都曾經見到，不過前者店裡的衣服太大，後者又太貴，極其
華美精緻，想想可能只買得起腰上繫著的小圍裙，最後只好
什麼都沒買，而此刻也只能眼睜睜看著長髮騎士呼嘯而去，
等待下回再續前緣。

　　克倫洛夫雖說是個中世紀小城，但整個城鎮的設計渾然
天成，伏爾他瓦河（Vltava）像是要考驗駕船技術一般，以一
個倒S型環繞全鎮，巧妙地將古城分為兩個部分：一部份是城
堡；另一部份則是以市政廣場（Naměsti Svomosti）為中心的
舊城。從地勢高聳的城堡俯視這條河，簡直就像一條晶瑩剔
透的藍緞帶，把整座城巧妙包起，美得令人落淚！

　　不過，這樣蜿蜒的水道，也讓小城在豪雨時飽受水患之
苦。我們才剛從布拉格回到台灣，就聽說了中、東歐大水災
的消息；想到陣陣豪雨猛烈敲在布拉格舊城廣場的心臟，洪
水一吋一吋升高，淹沒薩爾茲堡、克倫洛夫的可愛店鋪，實
在既驚愕又難過。更何況，這裡還有好幾隻可愛的熊，住在
克倫洛夫城堡，不知道牠們是否也都安好呢？

城堡外環繞又深又寬的護城河，如今倒成了泛舟的好地方。

　　當然，城堡裡是沒有動物園的。這些小熊都住在克倫洛夫城堡昔日的護城河，護城河今天已經乾涸，成為三隻小熊的家。許多人趴在欄杆上，觀察小熊在做些什麼，不過，這份觀察報告一個字就可以結束——「吃」。我們在這兒看了半小時，這些吃素的小熊，不停享用著豐盛的紅蘿蔔和蘋果，搞不清楚牠們是真的餓了，還是太無聊沒別的事好做。這個護城河雖然還算寬敞，也有一些低矮的樹讓小熊們運動，不過又怎麼能和真正的山林相比？

　　小熊的可愛，反而讓我心疼起牠們的寂寞。

　　通過護城河，便進入曾經富麗堂皇的克倫洛夫城堡。克倫洛夫城堡雄踞山頂、鎮守全城。一旁矗立的圓塔色彩繽紛，說是十三世紀的古蹟，卻未免太不稱職，過於鮮豔強烈的配色，倒有點像廣告招牌，與一旁聳立在危峻岩壁上的雄偉城堡有些格格不入。但不管圓塔外型如何，站在圓塔頂部，凝視這座小城一整片的紅色屋頂，總是一個令人屏息的時刻，之前好幾次看到這片紅瓦屋頂的鳥瞰照，都覺得難以置信，在克倫洛夫當一隻貓想必是幸福的，到處都有這樣可愛的紅屋頂可以曬太陽呢！

　　就如同絕大多數的中古城鎮，市中心總少不了一個小廣

護城河之熊，眼底有些寂寞。

場與可愛的教堂，廣場上還樹立著黑死病紀念柱，四周圍繞著各種別具特色的藝品店或波西米亞水晶店。

　　信步走進書店，即使聽不懂捷克文，也能輕易看出櫃臺看店的一對年輕男女正在熱烈地打情罵俏，仔細一瞧，他倆的脖子上還掛著寫了中文字的項鍊，分別是「牛」和「鼠」，不知道有沒有推出「豬」的項鍊呢！也罷，就讓我在這滿室捷克文書籍中盡情地吸取古人精華與克倫洛夫的靈氣吧！

　　就在我練功完畢，回眸一笑準備離開之際，卻在門口附近發現了極有趣的一些明信片，明信片上的圖案都是黑白的老照片，且全部是以人物為主題。有的是一群女孩子一塊兒作裁縫，有的是居家生活照，總之都是過去不知哪個年代的老照片，而每一張照片之下都寫了一句捷克文。

　　這可有意思了，那些捷克文到底是說些什麼呢？好奇之餘，我決定打擾這對小情侶的寧靜，挑了兩張，請問他們明信片上的捷克文有何意義。

　　結果，他們面有難色地互看了一會兒，咕嚕了一陣，竟然，竟然去字典區要挑字典了！不會吧！難道他們看不懂捷克文？還是要叫我自己查？一時之間，真有點懷疑自己到底

舊城區中心的廣場，還有那歐洲許多城市都有的黑死病紀念柱。

身在何處。

　　挑好字典，他們興奮地查了起來，原來是要幫我翻成英文，不過顯然是對英文不太熟的樣子。而且，說他們「興奮」可是一點不誇張，他們不斷地嘰嘰呱呱，每查到一個字，就要擊掌或親吻一下，讓我……非常尷尬，只好默默地、焦急地佇立一旁等候答案揭曉。

　　原本要打發公車來臨前的空檔時間，不過因為他們太努力，現在反倒要擔心趕不上公車，我已經開始後悔，為什麼要挑這些明信片，為什麼要打擾他們，難道……這是懲罰？

　　熬了將近半個小時，他們把被汗水濡濕的小紙片，送到我的手上，答案揭曉，其中一張一群年輕女孩齊聚房間喝下午茶的照片，說的是「貓兒不在老鼠稱王」；另一張三名神氣飛行員的照片，則是「我們什麼都會，但什麼都不精通」。

　　老照片配上新的詮釋真的是很有趣，不過真為難了他們二人，看著他倆如釋重負的模樣，我腦中想的是：在這樣的腦力激盪之後，他們的感情應該增進不少吧！那我也是小功一件！忽然想問他們到底知不知道脖子上項鍊那字的意思呢？不過怕折騰下去真會趕不上公車，只好匆匆答謝道別。

　　這就是所謂的「文化交流」吧？克倫洛夫在我心底的模樣，就是紅屋頂、寂寞的熊，和明信片小情侶。

NEWS

❋從布拉格到克倫洛夫可以在Anděl巴士站坐公車，不過要花三個多小時，從契斯凱布達札維（České Budějovice）出發則只要坐四十五分鐘的車，而且班次密集，不過要注意週末假日車班都比較少。

❋市政廣場（Naměsti Svomosti）旁的旅客服務中心有很豐富的資料，包括詳細火車、巴士時刻表，同時也提供便宜的上網服務，可以多加利用。

最愛這種中世紀氛圍的小巷道。

温泉鄉大開眼界

在匈牙利，溫泉的地位就跟紅通通的辣椒不相上下，
都是每天不可或缺的生活必需品。

對喜愛泡湯，甚至喜歡逐「名湯」而居的人來說，匈牙利和捷克絕對是個度假的好地方。在匈牙利，溫泉的地位就跟紅通通的辣椒不相上下，都是每天不可或缺的生活必需品，如果喜歡，大可隨身帶包泡溫泉的衣物，隨便在街上遇到溫泉浴池就進去泡上一泡，浴場裡泥巴浴、指壓按摩、修指甲各種服務任君選擇，在踏出浴池的那刻，包你立刻為省下大把保養品的採購銀兩而感動落淚。

除了匈牙利，捷克也不遑多讓，卡羅維瓦利（Karlovy Vary）及瑪莉安斯凱藍澤（Marianske Lázně）都是歷史悠久的溫泉小鎮，光想到能和華格納、蕭邦，甚至英王愛德華七世等人在相同的小鎮泡湯，就已經覺得渾身舒暢。再加上滿街喝到飽的養顏美容溫泉水、甜滋滋的溫泉餅，簡直是外敷內用一應俱全。到這樣的溫泉國度，不多泡個幾趟，讓自己容光煥發、宛如熟蘋果般重現人間，再怎麼樣都是說不過去的啦！

第一站到布達佩斯，雖然日頭炎炎熱氣逼人，不過人們泡溫泉的熱情卻一點不輸太陽，阿公阿婆們一襲短袖衣褲，人人拎著一個小包包一大早就到澡堂排隊，還把只是路過的我們也當成泡湯客，熱心地指點我們要從另一個入口進入。

「從這個門進去的，都是有長期優惠票的喔！」老爺爺眨著四周佈滿皺紋卻依然閃閃動人的大眼，亮出手上的票和裝著衣服的塑膠袋，臉上盡是興奮的笑意，總覺得他的下一句

會是：「溫泉之都布達佩斯歡迎你！請盡情在浴池裡享受人生吧！」

　　不過，泡溫泉畢竟是一件要袒胸露背的大事，而且手上也沒有任何裝備，還是先進去考察一番再說。

　　浴池的大廳陳設相當簡單，牆上的半身雕像、大廳中幾排樸素的椅子，彷彿待會兒穿著浴袍的凱撒大帝就會從某個門裡走出來跟我握手。

　　相對於樸素的大廳，牆上的服務項目與價格實在就複雜許多。如果只是普通的泡澡，兩小時索價900弗林，相當於台幣100多元，如果加上按摩，或是藥草浴、泥巴浴，就再貴一些，當然也有長期優惠套票，供「老溫泉客」

布達佩斯溫泉浴池外，好像來到羅馬。

使用。我們在大廳觀察的結果，大多數人都是拿這種優惠套票，可見上門的幾乎全是老主顧。

除了泡澡項目繁多，泡澡時數也讓人驚嘆！泡澡的基本時數是兩小時，四小時以上則是同一個價錢，每天泡在水裡這麼久，難怪每一位匈牙利人看起來都是紅通通的。據說，還有浴池設有棋台，讓人邊泡澡邊下棋，真讓人擔心是不是會有哪位不服輸的老先生，在這裡下了一天的棋，把皮都泡掉了一層？

雖然在匈牙利已經把浴池參觀個飽，不過真正泡到湯，是在捷克的溫泉小鎮卡羅維瓦利。

卡羅維瓦利大概是捷克最著名的溫泉鄉了，走在街上的人，不是正要去泡溫泉，就是剛剛泡完，手裡捧著溫泉杯喝溫泉水、吃溫泉餅；至於沒有走在街上的人，大概都在水裡了吧！總之，是個處處充滿溫泉味的地方。

在這樣的溫泉鄉，滿城都是溫泉旅館，旅遊服務中心提供了一長串名單，可以查詢各家飯店的服務與價格，其中有些不僅昂貴，沒有預約也是不得其門而入，最後只得選

NEWS ○○○○○○○○○

❀從布拉格到卡羅維瓦利（Karlovy Vary），要去佛羅倫斯巴士站（Florenc）搭車，車程兩個半小時，記得要在巴士站先買票，旺季時司機先生是沒有時間賣票的。

❀更貼近卡羅維瓦利：
http://www.karlovyvary.cz/

了一個平價的公立溫泉中心，一小時90克朗，大約台幣100元（當時的捷克幣：新台幣 = 1.1：1）。與之前在布達佩斯誤闖的澡堂相較，沒有五花八門的選擇，只有單純的泡湯，買票也因此簡單很多，只消告訴櫃臺的太太準備泡幾小時，買了票，拿到更衣室鑰匙，就可以換上泳裝準備進場了。

　　這裡共有大小各一兩個浴池，放眼望去幾乎全是男生，才踏進門，眼前立刻呈現一片胸毛與肥肚的世界。雖然周遭風景不怎麼宜人，但這溫泉水還真是名不虛傳，坐在池邊的我，從脖子以下全部都被溫泉水包圍，剛好背後又有個水柱，實在是非常舒服，才泡了沒幾分鐘，就已經汗流浹背。

　　正在全身舒緩的當兒，不料眼前竟出現了出乎意料的駭人景象──眼前走近一位壯碩男子，「趴答」一聲，就把泳褲脫掉，開始一絲不掛地沖起水來，原來我泡澡位置的正前方就是沖水處，但我在此之前壓根就沒有注意到，現在也只好

連腳踏車也可以當活動廣告。

乖乖坐著，看著這位老兄展現他可觀的第三點。

　　這位大哥顯然毫不在意，附近的男男女女也都神色自若，鎮定地很（我想此時如果有一隻蚊子飛進，應該會引起更大的騷動），只有我，頓時深深陷入「眼睛要放哪裡」的人生課題。

　　閉眼嗎？會不會對這位老兄太不尊敬，而且似乎也有些可惜；不閉眼嗎？說真的，實在也不是什麼美好的畫面；左右張望嗎？大哥實在近的很，難以完全避開，如果轉頭對著身邊的男子傻笑，恐怕

布達佩斯街頭的美麗招牌，長髮女郎攀附枝枒讓人多看一眼。

也不怎麼聰明。

　　幸好，壯碩男子簡單沖水後，便很識相地離開了，不過驚魂甫定後看看時間，不知不覺竟也泡了四十分鐘，到了該打道回府的時候，這下可好，也輪到我找沖水的地方了。

　　眼前這個沖水處實在離澡池太近，即使穿著泳衣，我也不想在這麼多人面前示範東方與西方在「沖水」上的文化差異，因此，我狠下心，決定繞繞澡堂，找找是不是有其他靜謐而隱蔽的地方。

　　在像救生員一樣，穿著泳衣滿場繞上一圈之後，我終究沒有找到任何隱密的沖水地點，倒是在廁所旁邊看到有一位女子不知是因為泡澡泡太久、太累了，或是其他原因，竟然抱著浴巾躺在椅子上呼呼大睡，真想不到捷克人這樣隨性，連溫泉浴池都可以睡午覺。不過既然找不到，看來也只好入境隨俗，在另一個暫時沒有人使用的沖水點，眾目睽睽之下（雖然事實是可能根本沒人注意）速速沖了水，便趕緊溜之大吉。

　　回台灣後才聽說，匈牙利很多土耳其式浴場，都是全裸入浴。不知為什麼，頓時忽然對在布達佩斯時沒進入浴場這件事，深深地懊悔起來。

NEWS

❋http://www.hotel.cz/

這個網址不僅可以尋找捷克的住宿資料，如果進入Karlovy Vary的飯店資料察看，更可以找到很多提供spa服務的飯店以及各種溫泉療程的詳細說明。其中有一家飯店Grandhotel Pupp，據說是莫札特幼年時曾經和父親投宿的地方。

這棵樹和房子已經達到天人合一境界。

攝影師的一天，在哈斯塔特

在奧地利的哈斯塔特，

真是我和「專業攝影師」頭銜距離最接近的時刻。

沒有認真玩過攝影，卻一向喜歡拍照，而旅行，正是拍出經典作品的大好機會。

　　每回見到販賣風景明信片的小店，雖然也是和許多遊客一樣駐足流連，拿起多張明信片比較欣賞，但心裡想的卻往往是：原來這個角度比較有味道，下次這樣試試好了；或是：照成這樣也能拿出來賣？那我拍的豈不一上架就搶光？心裡偷笑之餘，還暗暗思忖起光的運用、焦距等等。明明用的是傻瓜相機，拍照的時候卻總愛搖頭晃腦裝專業，經常走到一半，忽然大喝一聲「等一下，這裡我要照！」然後就拿著相機比畫半天，一副專門出外景來攝影的樣子。

　　誰說不可以呢？在匈牙利的Esztergom，兩位年輕男子在教堂旁邊用單眼相機拍夕陽，看到他們瞇著眼計算太陽沈沒速度的迷人樣子，更是讓我走火入魔起來。走到哪，拍到哪！

　　而在奧地利的哈斯塔特（Hallstate），真是我和「專業攝影師」頭銜距離最接近的時刻。拍出的照片張張精彩！人人叫好！

　　只因這裡實在太美！美得令人覺得，再怎麼形容，都只能述及她的三、四分罷了。

　　哈斯塔特位在莫札特故鄉薩爾茲堡（Salzburg）附近，這一代都是「鹽山」地形，據說從史前時代開始就是岩鹽的產地。

　　阿爾卑斯山群峰綿延，其間又夾雜了數不清的美麗湖泊。如果在薩爾茲堡附近山區開車兜風，便能找到電影「真善美」裡那柔光粼粼的月湖（Mondsee），或是長達七公里半的「霍夫岡湖」（Wolfgangsee）。而山城哈斯塔特，就溫柔地蹲踞在「哈斯塔特湖」秀麗的腳邊。

哈斯塔特湖，靜靜躺在山的懷抱裡。

　　哈斯塔特是個嬌滴滴的害羞姑娘，不能讓人隨隨便便見到，因此訪客在火車站下車之後，還得付錢買船票，搭個幾分鐘的船晃過小湖才算真正到了這名副其實依山傍水的細長型小鎮。見那船長笑得臉頰有裂開之虞，想他做這穩賺不賠

生意當然開心，只不知有沒有人決定游泳過湖，省下這**1.8**歐元？

　　哈斯塔特清麗嫵媚，連旅客服務中心的工作人員都格外美麗善良。在這位清秀佳人的幫助之下，我們很快找到了這裡的家──一個位在瀑布旁的木屋。不誇張，地理位置之清幽隱密簡直就像個武林中閉關練功的巢穴，我們得爬上小山坡、穿過隧道，才算到了門口，再從小樓梯輕輕上樓進入房間，房裡時時都能聽到瀑布堅定的跳水聲。也就是說，我們是在敲敲打打的瀑布聲中迎接晨起暮落，數完點點星星再閉眼聽瀑布低低吟唱，這真的是太詩意、太夢幻了。

　　置身哈斯塔特，常有種在瑞士的錯覺，小木屋們錯落散佈山中，每間木屋的窗戶幾乎都布置了各種嬌豔可愛的花卉，而且擁有小巧可愛、個性

NEWS

❀瀑布邊的木屋：Gasthaus Zur Muhle, Kirchenweg 36 (06134 8318)這個小鎮到處都是可愛的民宿，住宿時可以跟老闆拿一張黃色的Gastekarte，可以享有若干交通或是旅遊點的優惠價格。

截然不同的木門。

　　左邊這扇門開了個扇型的小窗，窗下掛了新鮮花環，還用木頭做了個「welcome」的小掛牌，讓人很想敲敲門，進

手工打造的小木屋環山而建。

去喝杯下午茶；右邊那扇門毫無裝飾，只有簡單的玻璃和鐵框，可是有個特別巨大的煙囪，那麼或許可以列為晚餐時間拜訪的好地點。再沿著只容一人通過的門前小徑起伏前進，位於轉彎處的下一戶人家還在整修當中，穿著吊帶工作服的爸爸正彎腰跟小女兒說明設計圖的樣式，小女孩髮上的紅緞帶搖搖搖，不知怎麼的，就想起小時候「阿爾卑斯山的少女」這部卡通。

　　哈斯塔特依山而建，如果沿著山中小徑往山上繼續爬數十分鐘，就可以到達過去的鹽洞展開鹽礦之旅。當然，也可以直接到纜車車站坐纜車，享受瞬間抗拒地心引力的快感，不過因為我們拜訪的這天天氣太好，就決定沿著林間道路緩緩向前，除了欣賞美景，也有意思趁機消耗肚皮上累積了好幾天的下午茶。

　　清晨時分空氣清甜，每個氣孔由內到外都急著向我傾訴它們的幸福。時間很充裕，爬山的速度也愈來愈慢，拍照的手卻沒有停過。

　　其實，旅程才走到一半，我們已經開始擔心底片不夠的問題，好幾天之前就開始計算每天的使用量並且節制著不可太過揮霍，還開始後悔為什麼出發前捨不得買個數位相機。不過在到了哈斯塔特之後，所有對底片的考慮全都丟到哈斯塔特湖裡消失不見，特別是在登高望湖之際，哈斯塔特的美更讓我無法拒絕亟欲舉起相機的雙手。錯落的木屋、小教堂的尖頂、碧綠的山，全都倒映在湖面，湖上一排排傳統木船

在陽光照耀下閃閃發亮，而沈睡著的山也在陽光的逐漸逼近中，一點一點甦醒。

當陽光終於籠罩全鎮，湖邊的小生命也都活動了起來。兩隻巨大的鴨子幸福地比翼前進，激起相同形狀的水紋，我的心裡因為這對鶼鰈情深的鴨子而洋溢著無可救藥的浪漫（雖然事後發現，這兩隻巨鴨其實是……兩艘船）。再爬高一點，整座湖的形狀更加明顯並與湖邊的山形成完美對稱，山嵐環繞，湖上氤氳氣息籠罩小鎮，可愛屋瓦在陽光擦拭下顯得明亮……，凡此種種怎能不用鏡頭捕捉？因此底片的不夠全都拋諸腦後了，在這裡只要舉起相機，隨便都能拍出得獎作品吧！

從山上回神轉移陣地到湖邊散步，對這湖又有了全新的想法，剛才還俯視著覺得簡直神聖的美，如今一下子似乎變得可親可愛了起來。徘徊湖邊，彷彿應該拿本梭羅的湖濱散記吟詠歌唱一番；又好像應該拿支鵝毛筆，做一首詩大加讚嘆。不過，我終究只能拿起相機，留下一張又一張曼妙的哈斯塔特，左側、右側、迎光、背光、陽光燦爛、夕彩霞紅，然後佔據湖邊的小小木桌再來一杯咖啡，就著這湖，想著我的夏季生活終將如同那清晨的煙嵐悄悄散去。

這是在哈斯塔特，攝影師的一天，雖然那年甜美的夏季生活已經全部散去，不過哈斯塔特的天光雲影總算跟著底片讓我帶回台灣，我想那間小女孩的木屋應該已經全部蓋好了

吧！下回一定要去住住，再烤一盤餅乾，跟湖裡貪嘴的天鵝共享。

欣賞不盡的山光水色，建議在湖邊來杯咖啡和紅到這兒來的薩黑爾蛋糕，當真與世無爭。

美食饗宴

3

香甜的餅皮繞成圓筒狀，內餡是由各種野莓製成的酸甜慕斯，再加上相當豐富的桑椹、藍莓、草莓等等，實在是讓人滿口芳香。

■公主醉倒豪華渡輪

■匈牙利美食考察

■維也納咖啡筆記

■甜點之都維也納

■消失的捷克烤鴨與廁所臉事件

東歐美食雖不如美景出
名，卻也有可觀之處。

公主醉倒豪華渡輪

快樂的三位公主以無比決心奔向遊艇，
立即得到穿著海軍服男女服務生的熱情相迎。

東歐一大吸引人之處，便是據說只有台灣二分之一的低廉物價。來過東歐的朋友們，無不眉開眼笑、手舞足蹈，描述他們在捷克、波蘭、匈牙利，用薄薄幾張鈔票，換得帝王般待遇的神奇故事：

「一個人平均5美元，就擁有一整層豪華公寓，而且裡面一應俱全 —— 俄羅斯風味的家具、東正教派的宗教牆飾，古老的地板咯吱咯吱訴說著它輝煌的歷史！」喬伊神氣活現地宣示，眼前彷彿出現他跪下親吻地板、眼中泛淚的神情，嘴裡兀自喃喃：「啊……只要5美元……。」

「終於，在布拉格體會到什麼叫富豪啊！」小文激動追憶，「200多台幣，可以吃到提斯沙烤鴨（Tisza Duck），當然，波西米亞燻豬肉配上醋甘藍菜也是一樣便宜，重點是，還有穿著雪白制服的英挺服務生前來噓寒問暖！」

小文描述的公主生活，聽得我眼睛發亮！

因此，當我們終於來到此地，便立刻積極尋覓成為公主的機會。而第一堂「富豪生活體驗」課，就這樣發生了！

多瑙河橫臥「布達」與「佩斯」雙子城之間，不僅是妝點這兩座城市的藍色緞帶，更是商業貿易的大動脈。河上繁忙往來的豪華遊艇，載著一批批觀光客往來欣賞河畔美景，也有許多遊艇就停在河邊，傳出陣陣小提琴與鋼琴的優雅唱和、酒瓶碰撞聲、談笑聲，衣香鬢影，吸引我們不自覺向她靠近。

　　「喂！今天晚餐就到豪華遊艇吃一頓吧！」不知是誰首先發難，兩眼夢幻般直視前方那白色發光體。

　　「好啊！」另外一人以充滿嚮往的聲音提出附議，這項提議肯定獲得壓倒性勝利。

　　「可是，很貴吧！那一定是要騙觀光客的錢。」終於有人發出正義之聲，不過立即得到另外兩人怒目相對。

　　「大概貴一點沒錯，可是機會難得耶！」

　　「這裡是匈牙利，不會貴到哪去吧！」

　　「對嘛！搞不好一輩子才一次。」

沒私人遊艇，坐坐大船也挺過癮。

「⋯⋯」

　　雖說一種米養百樣人，不過有時候要達成共識還真是容易！快樂的三位公主以無比決心奔向遊艇，立即得到穿著海軍服男女服務生的熱情相迎。

　　坐在甲板上，海風陣陣，遠望對岸布達皇宮的金碧輝煌，鳥兒在頭上盤旋飛舞，夕陽紅光片片灑向我們，當真愜意悠閒。

　　興奮的心情在打開菜單之際被澆下第一桶冷水，舉目所見，各種主菜的價格大部分都在台幣500元以上，飲料100元跑不了，如果再加上沙拉、湯，一餐下來所費不貲，頓時真有種置身台北高級餐廳的感覺，到底⋯⋯到底是誰說可以來這裡當富豪的？唉，大概是多瑙河的風光也要抽稅吧！不要緊，既來之，則安之，我們還是點了一道酸黃瓜沙拉、一份名字聽來氣勢十足的「King Fish」，以及三杯飲料，作為今日的大餐。

　　不久，我點的飲料——匈牙利水果酒palinka搶先上桌！濃眉大眼服務生掏出只有兩口酒大小的酒杯，托盤上三種不同水果口味任我挑選。在我選好後，濃眉軍官眨巴

NEWS

✳Palinka：匈牙利特產的蒸餾水果白蘭地，主要口味包括杏子酒barack (Kecskemet apricot)、櫻桃白蘭地cseresznye(cherry brandy)、梨子酒korte (pear)、以及李子白蘭地szilva (kosher plum brandy)。

著眼睛，又轉身問另二人：「想不想嚐嚐另兩種口味？」

　　哇！難道要給我們試喝？不愧是豪邁的匈牙利民族！三人點頭如搗蒜，心中洋溢著溫暖。捧著小酒杯搶著讚嘆：「服務真好！還有餐前酒！」、「真不愧是豪華遊輪。」竟完全把「天下沒有白喝的酒」這句至理名言拋諸腦後，如今想來，如果那些服務生聽得懂我們的讚嘆，大概會笑到在地上打滾也不一定。

　　這酒果香誘人，不過才一沾唇，麻痺感迅速攫取臉部神經，讓我想起兩年前在蘇格蘭喝到，讓我「驚為天人」、面色慘白的威士忌。不過，看在一杯140台幣的份上，怎麼樣也得喝。一口接一口，臉也愈來愈紅。當菜終於上桌的時候，我們三人已呈現豬肝色。

　　上桌的是一碟酸黃瓜，以及一大盤蔬菜沙拉，雪白的盤子盛著新鮮蔬菜，紅、黃椒，還有一堆誘人的蝦子。雖然侍者絲毫沒有說明，但我們都認定這就是沙拉了，樂陶陶享用之際，更加期待我們的主菜上場。

　　想不到，眼看夜色漸黑，船上遊客也不斷增加，侍者高舉一盤盤海鮮佳餚前來，卻都一扭身，讓大盤美食降落在其他賓客桌上，而飢餓的我們只能一邊悲憤地看著那些美食，一邊啜飲手中的名貴烈酒。

　　一個小時過後，大約是酒精發生了作用，也有可能是餓瘋了，當下一位海軍上校端著昂然的烤魚經過我們身邊耀武揚威之際，我們終於以嚴肅的聲音吶喊出心中的不滿：

就是這道菜，五百多塊的King Fish喔！

「請問，我們的主菜什麼時候可以上？？」

不知道是否拿著酒杯的我們看來英俊威武，海軍上校竟一臉抱歉地允諾要幫我們催催。不過，五分鐘後，絲毫沒有動靜，我們再找了第二位海軍為我們喉舌，他也同樣一臉驚恐地答應了。

在前後三位上校為我們說項後，終於，第一位濃眉軍官出現，問我們有何問題，經過一番挣扎，真相大白！原來那盤蝦沙拉，就是我們的King Fish，「King Fish」難道是指蝦子？我們當真不知，而其他在周圍的海軍上校，此刻全以一種悲憫的眼光看著我們：

「唉……可憐呀！看不懂菜單，還在這邊等菜的三個女人！」

想到台幣500元不過就換得那幾隻蝦子，雖然心痛，不過為了勉強維持殘破的顏面，我們還是故做優雅地欣賞了一下月色，同時也等酒力消退才離開。此時，幾乎可以很清楚地聽到自己肚子抗議的叫聲。

當看到帳單，確認那三杯餐前酒原來不是免費，才知道我們又在無意間，為匈牙利的經濟繁榮貢獻了一份心力啊！

所以，這就是我們的多瑙河豪華晚餐：

酸黃瓜沙拉：**450 弗林**

King Fish：**3690 弗林**

三杯palinka水果酒：**990弗林 X 3**

果汁：**390 弗林**（當時的台幣：匈牙利幣 = 1：7.3）

露天座椅配上彩繪的壁
畫，在這裡用餐真愜意！

匈牙利美食考察

匈牙利菜反映了馬札兒人過去游牧民族的生活，
以肉類及魚類為主，口味重、偏鹹偏油，
而且時常可以看到許多內臟類的食物搭配其中。

去匈牙利之前，對匈牙利食物的唯一概念，就是紅通通的「匈牙利牛肉飯」。在台灣吃這道菜，除了「哇！好紅！」的印象之外，並不覺得和一般的牛腩飯有什麼太大差別。不過匈牙利當然不只這道菜，不但食物種類多，而且價廉物美，讓我們能大方地一路進行美食考察，享用了不少好吃的食物。與之前在西歐各地常以超市麵包果腹的情形相比，東歐在食物上的物價，的確展現了極大的親和力。

匈牙利菜反映了馬札兒人過去游牧民族的生活，以肉類及魚類為主，口味重、偏鹹偏油，而且時常可以看到許多內臟類的食物搭配其中，這點和蘇格蘭高地民族的食物，特別是惡名昭彰的「哈吉司」（Haggis，蘇格蘭用多種內臟混合成泥的一種名菜）有異曲同工之妙。講究吃得飽、吃得暢快，因此，熱量也都不可小覷。

此外，由於匈牙利盛產青椒、紅椒，無論在菜市場或餐廳，隨時都可以見到青、紅椒及紅椒粉（paprica）的蹤影。而以紅椒粉入菜的佳餚中，最有名的就是匈牙利牛肉湯（Gulyas），我們在匈牙利喝了這道湯好幾次，每一家的作法、用料與濃淡程度雖不盡相同，但都是以牛肉為底，再加入洋蔥、小麵團、馬鈴薯等各式材料加以變化，並用了大量紅椒粉，讓整道湯看來火紅懾人，不過紅歸紅，味道根本就不辣，反而有股淡淡的青椒味。

除了紅椒粉隨處可見，酸奶油也常常看到，連湯及肉類菜餚中都可以加以運用。例如我們在布達佩斯Fatal餐廳吃到

NEWS ○ ○ ○ ○ ○

❋Fatal 是朋友推薦，我們去了以後也非常喜歡的一家餐廳，位在佩斯區的Vaci大街上，不過入口在另一側的巷子裡，不太好找。住址是：Budapest V Vaci utca 67。值得一提的是，Fatal使用木製餐具，享用起美食格外有感覺。

的「甘藍菜肉捲」（Toltott Kaposzta），就是把牛肉、培根和匈牙利辣味香腸（kolbasz）包在白菜葉中，以調味豐富的湯汁以及大量酸奶油共同煮成。吃起來酸味濃郁，喜歡吃酸的人應該會覺得非常過癮，同時，這道菜也毫不例外地呈現遍地紅色，灑上厚厚一層紅椒粉。讓我不禁聯想到匈牙利過去與蘇聯老大哥同是共產國家的那段歷史，一切以紅色為最高原則，不過，我一定是想太多了。

連鍋上桌的「甘藍菜肉捲」，大量紅椒加酸奶油是很多匈牙利菜的共同點。

每回在他鄉用餐，都有一種野心，想要吃到最typical的當地食物。結果有一次在阿姆斯特丹的餐廳踢到鐵板，竟被服務生調侃「Do you want typical Dutch man？」讓我面紅耳赤。不過即使如此，只要看到什麼「homemade」、「homestyle」的字樣，還是會覺得興奮異常，而餐廳也抓住了顧客的這種心理，常常在菜單上標明「媽媽的廚房」、「祖母的餐廳」，甚至直接就寫「匈牙利傳統菜餚」。讓人忍不住想點上一道。我們在Fatal就點了一道Grandma's Beef Bouillon，叫做「祖母的牛肉湯」。結果真是大吃一驚，因為，這湯相當台灣口味，與濃郁的Gulyas完全不同，相當清淡，也沒有紅椒粉，而是加入豐富的蔬菜、磨菇、雞肉，甚至有豬肝和細麵條，且這匈牙利麵簡直就是台式麵線，真讓人邊喝邊流淚啊！光是這個湯，就讓我相信匈牙利的東方血統果然與眾不同，大家數百年前果真是一家人呢！

　　匈牙利魚湯（Halaszle）是另一道匈牙利名菜，與法國馬賽魚湯非常類似，呈現濃稠的紅色，不過與牛肉湯一樣一點也不辣，相反地，香氣濃郁，味道層次非常豐富，讓人憶起海風的鹹味。閉眼品嚐，像是聆聽雄壯的交響樂，各種材料的特性都發揮到極致，並用強烈的重口味震撼你的感官。此外，湯中也有大塊的鮮美魚肉，再搭配餐廳提供的新鮮麵包以及沙拉，享用完畢，簡直想要起立向廚師致敬，再大喊一聲「Bravo！」。

匈牙利人喜歡以水果或酒入菜,例如「Tokaji燴鹿肉」(Venison "Tpkaj" style),就是用匈牙利名葡萄酒Tokaji入菜,甜味頗重,不僅因為加了酒,更因

有些讓人想到法國馬賽的大太陽紅酒燴牛肉?其實是鹿肉,但燉得軟爛,有點分辨不出。

為鹿肉本身先用蘋果及越橘醬醃過,因此鹿肉甜至心坎,整道菜甜香四溢,還吃得到貨真價實的蘋果,配上加入豆子的飯一同享用,讓人吃了猛咂嘴。

另外,目前在台灣發燒的蕃茄,在匈牙利的餐桌也十分常見。我們在匈牙利民宿的早餐,便常常可以吃到新鮮蕃茄、切成圓形薄片的匈牙利火腿、cheese、麥片、麵包,以及令人懷念難忘的自製櫻桃果醬。

吃了正餐當然還有甜點,匈牙利人口味重,無論甜鹹都十分徹底,因此甜點全部熱量驚人,其中有一道著名的Somloi galuska(somcoi gnocchi),帶著的旅遊書把這道菜譯為「松蘿餃」,讓人誤以為是哪一道精緻的江南菜餚。事實上,這根本是個讓節食者望之卻步的超級甜食:巧克力醬為底,上鋪口

感接近麵包的蛋糕，蛋糕上覆滿香濃的香草奶油，再綴以酒漬紅莓。如果喜歡巧克力和奶油，點上一道保證滿意。

其他常見的甜點，還有水果卷和冷的甜湯。水果卷（Retes，Hungarian strudel）是用麵皮裹了大量酸櫻桃和甜cheese後烘烤而成，冷甜湯則是使用櫻桃、紅莓等水果製成，因此呈現粉紅色。由於實在太像童話故事裡巫婆的毒藥，或是色素太多的果汁牛奶，我們終究不敢嘗試，如今想來，倒成為了這趟旅行的小遺憾。

不過，如果想吃道地的匈牙利美食，有時還是得冒點風險，因為大多數餐館的菜單只有匈牙利文，因此點菜全憑第六感，可能會點到出乎意料的東西，也常有意外的驚喜。

有一晚在Esztergom一家門庭若市的餐廳，我點了一道Knuckle of ham pancake。當時我壓根不知道knuckle是什麼東西，只是基於冒險犯難精神，點一些沒看過的奇怪菜餚。結果，食物來了，一團不知是什麼的東西上覆蓋一層濃濃蘑菇醬以及酸奶油，再毫不例外灑點紅椒粉，最頂端還有一片奇怪的片狀物。遠觀不像牛肉或豬肉，近瞧也不可能是雞或鴨。面對這團不知名的食物，同行友人都用祝福的眼神望著我，然後優雅地繼續享用她們的煎鱒魚、奶油馬鈴薯。

也罷，敢點就要敢吃，既想吃遍天下美食，就不能屈服在這不明團狀物之下，因此，我還是故做從容地吃完眼前這盤東西，直到回去後翻了字典才知道，其實我吃到的是「薄

煎牛膝」，而那枚片狀物，則是牛舌，這或許算是美食吧！不
過，還是讓我胃中一陣翻騰，至於那團東西到底什麼味道、
口感如何，早已完全記不得了。

　　匈牙利好吃的菜何其多，我們想嚐而沒有機會的，還有
傳說中極為爽口的的金黃色雞湯（Ujhazy Tyukhusleves）、家常
而又味美的各種燉肉（Porkolt）、用乾酪製成的麵條
（Turoscsusza），以及種類繁多的炸魚。常常在餐廳裡看到體積
相當驚人的大魚一身金黃酥脆「站立」在大盤之上供人享
用，饕客豪情萬丈、一瓶美酒一盤魚，匈牙利美食，哪裡只
有牛肉湯呢？

讓我們朝思暮想的「松蘿餃」，一路甜到底。

樸實可愛麵包店，香氣四溢、價格
便宜，早上生意好得很。

維也納咖啡筆記

在維也納，當一杯咖啡著實是幸福的。小小一杯咖啡，
在以不同的比例注入奶泡、熱牛奶或是奶油之後，
便產生了十幾種不同的排列組合。

好幾年前在德國，一位周遊歐洲半年的馬來西亞人諄諄教誨，說他這輩子喝過最好喝的咖啡，是在維也納的火車站。一杯簡單平凡的咖啡，卻擁有極其真醇的味道，讓站著享用的他一下子像火炬一般燃燒起來。他說自己不擅言詞，無法描述箇中美味，但從他星星般的瞳孔、因興奮而顫抖的雙唇，我彷彿已能讀取他舌尖的滋味，催促著腳步不斷向維也納，疾馳而去。

　　維也納的咖啡據說是西元1656年時由土耳其人帶來，不過咖啡早已在維也納生根，發展出自己的文化。如今雖然還是可以在咖啡館中看到會留下咖啡渣、而且味道較苦的「土耳其咖啡」，但是在維也納，更多的卻是濃妝豔抹、加入各種奶、酒甚至堅果類的花式咖啡。維也納咖啡名目之多，正可看出維也納人對咖啡用情之深。

　　在維也納，當一杯咖啡著實是幸福的。小小一杯咖啡，在以不同的比例注入奶泡、熱牛奶或是奶油之後，便產生了十幾種不同的排列組合，並各自擁有一個相當詩意的名字；加入少量奶油是棕咖啡（Brauner），奶多一些就升格為金咖啡（Gold），奶和咖啡比例一比一，叫做米朗琪（Melange），雙份咖啡加雙份奶油，而且用大玻璃杯盛裝，這是艾斯班拿（Eispanner）……。

　　雖然這一切看來井井有條，但實地考察的情況卻未必如此。例如，平平是「咖啡加大量熱牛奶」，在不同的咖啡館常

常又會擁有不同的名字；Haferlkaffe這款在各咖啡館十分常見的咖啡，和Melange喝起來實在非常相似，加上menu上還有熟悉的Latte，實在讓我無法判斷到底哪一杯可以獲選「牛奶多咖啡」的冠軍。還有一次，明明是點熱拿鐵，不過隨杯而來的卻是如雪山般的鮮奶油而不是熱牛奶。在維也納，喝咖啡就像用看不懂的菜單點菜一樣，常常會有意外的驚喜呢！

講到這裡，都還只是咖啡的基本款，維也納有許多加入各種酒類和不同堅果、香料的咖啡，而且所加的酒份量都不少，可不是少少幾滴意思意思而已，再加上雙份的咖啡，一杯下肚讓我一整天清楚感受到咖啡因與酒精在體內的拔河，每回都在咖啡館先多坐一小時等酒醒，接下來就是一整天的精神亢奮，雖然神經系統受到極大的拉扯，不過下次總還是忍不住要點一杯加了酒的咖啡。

其中有一種加了酒的咖啡叫做Pharisaer，是濃咖啡加上

Maria Theresia 女王咖啡，喝了胸中澎湃洶湧。

蘭姆酒、肉桂和打泡奶油，這種咖啡的名字還有許多不同的故事，其中一種是，從前有一個喜歡喝酒的神父，為了可以在宗教聚會中也喝到酒，因此偷偷把酒加入了咖啡。這個故事讓喝加酒咖啡的我也多了一分犯罪的快感！另外還有一種加了橘子酒的咖啡叫「瑪麗亞泰莉莎」（Maria Theresia），如同王冠般的打泡奶油上還灑了五顏六色的小糖粒非常可愛，喝起來在濃濃咖啡與酒香中帶著絲絲甜味，據說，這是瑪麗亞泰莉莎女王最喜歡的口味。

有女王咖啡，當然也有以其他名人命名的咖啡。伊莉莎白皇后咖啡（Sisi Kaffee），與女王咖啡不同，沒有添加任何酒類，而是用大量牛奶強調皇后的平易近人（不過，這與其他加大量牛奶咖啡有何不同，又成為我心中難解的謎題）。莫札特咖啡，當然就要與名滿世界的莫札特巧克力做整體搭配，杏仁片與香濃巧克力酒使這咖啡呈現無與倫比的甜味，再加上維也納人酷愛的鮮奶油，我想這杯咖啡的熱量和莫札特巧克力相比也是不遑多讓！

維也納的咖啡如此風情萬種，我每回都為了找出一杯最

符合當時心情的咖啡，捧著menu奮戰良久，簡直像看金庸小說那樣努力研讀，像接到情書那樣戀戀難捨，不想歸還，卻還是無法抉擇。維也納咖啡文化實在博大精深，如果真要等深思熟慮、細究其間差異後才做決定，恐怕店家真的都要關門收攤了。

　　在維也納，喝咖啡從早上開始。我們每天起床後第一件事就到巷口的小咖啡館報到，享用剛烤好的牛角、丹麥麵包，以及咖啡。這裡的咖啡種類不多，但和其他咖啡館一樣，都供應好幾份當天的報紙，許多上班男女都在這裡享用早餐，展開一天的奮戰。

　　這樣的早餐咖啡館就像黃澄澄的法式三明治，一大早在街角發光，而其他大多數咖啡館則是深沉的黑咖啡，在品嚐之前，你不會知道它的味道。

　　張耀曾形容，維也納的咖啡館是一潭深水，充滿了老練如魚的小市民和曠世的天才，哲人、音樂家、莫測高深的心理醫生、卡夫卡「城堡」裡的小官僚，你看不出誰是誰，都不動聲色地坐在一張桌子上。在這樣的地方，只要挑個視野良好的位置，便可在偶然從窗簾射進的微光中，不露痕跡觀察人來人往，構思我那從未出版長篇小說的故事情節。

　　右邊這位十足大學教授裝扮的長鬍子老先生，正就著微弱燈光專心讀書，是在維也納咖啡館裡永遠會有的一號人物；左邊三位顯然不知運動為何物久矣的老太太們，則一邊

享用美味蛋糕，一邊細碎數落先生的不是；窗邊這位青年，穿著不怕搞丟的便宜T恤，捧著Lonely Planet研究下一個落腳的城鎮，顯然也是位自助旅行者；而另一對衣著高雅的男女，稍嫌大聲的悄悄話，絲毫沒有察覺，已經暴露了他們「外遇男女」的身份。

　　不過最有趣的，還是那位像極尤勃連那的光頭侍者。他剛剛還穿著優雅制服、以和煦的傲氣為我們送咖啡，這會兒竟然換上休閒襯衫，還戴上與年齡有段差距的鴨舌帽，向門外奔去。不遠處一位美艷女郎正端坐在車裡等他，只見光頭侍者身手矯健、滿面春風地跳上車呼嘯而去，另一位侍者則以哀怨眼神目送著他們。

　　這位哀怨侍者，肯定就是追求這位女郎的輸家了，女郎優雅地拒絕了他，告訴他雖然他與光頭侍者同為咖啡館的侍者，但她還是青睞尤勃連那的鴨舌帽故做清純裝扮，因此請哀怨侍者快快把她忘了。

　　難以壓抑的醋意，讓哀怨侍者的臉部產生些微扭曲，他用青筋暴露的手，為我們端上咖啡。啊！我就這樣目睹了一椿活生生的維也納愛情悲喜劇。

咖啡配上蘋果派，就是維也納的一餐，偶爾也來盤湯。

在歐洲，幾乎所有咖啡館或餐廳的侍者都不是年輕小伙子，而是有點年紀的

中年男子。他們穿著整齊的制服，露出「嘿！你得尊重我。」的神情，即使微笑，也蓋不掉臉上的傲氣。我們在著名的中央咖啡屋（Cafe Central），就享受了道地的維也納肉排和維也納型傲慢。那是在買單的時候，侍者忘了計算一塊蛋糕的價錢，我在歷經內心掙扎天人交戰後決定提醒他，還天真地以為會得到讚美，但想不到這位侍者竟然沒有任何反應，甚至還不太開心，大概是覺得自己不專業，有失尊嚴吧！這真讓我懷念起日內瓦的小咖啡館，一位女子在咖啡館內獨坐良久、神色間有些憂戚，侍者竟然捧著一杯咖啡希望與她同桌共享下午茶時分，頓時讓一旁吵雜的我們暗自決定，未來一定要獨個兒喝咖啡，誰知道會有什麼故事發生呢？

　　雖然在旅遊季節裡拜訪歷史悠久、極有名氣的咖啡館，更有可能看到的，是成群慕名而來，想要沾染維也納文藝氣息的觀光客，但維也納咖啡館何其多，街頭巷尾，總有一間屬於你自己的咖啡館，何不尋找一間只有你知道的咖啡舖，寫一夜從你開始的咖啡館傳奇！

雙頭鷹標誌訴說維也納久為帝國首都的輝煌過去。

努力蒐集來的維也納咖啡menu：

❊以「奶」的種類和份量做變化的咖啡：

Ristretto：short espresso。

Mokka或Schwarzer：都是黑咖啡

Brauner：加了奶（milk或cream）的棕色咖啡（以上這兩種咖啡都可以選大杯Grosse或小杯Kleine）。

Groser brauner：濃咖啡，加入牛奶（milk）。

Kapuziner：小杯咖啡（Mokka）加入少量奶油，有的會灑上椰子屑、巧克力或肉桂粉。

Schale Brauner：咖啡加入適量的牛奶，使成金棕色。

Schale Gold：奶量較多，濃咖啡直接加入奶油（cream）的「金色咖啡」。

Wienner Melange：咖啡與熱打泡牛奶（hot foamed milk）以一比一的比例呈現，有時會加入打泡奶油（whipped cream）、肉桂或巧克力，是維也納非常常見的咖啡。

Verlangerter：加比較多水，口味較淡的咖啡，可選擇要不要加牛奶。

Portionskannchen Kaffee mit Milch：咖啡加上未打泡的熱牛奶（hot milk），用磁杯裝。

Kaffee Creme：咖啡與奶油（cream）的簡單組合，用磁杯盛裝。

Coffe Latte：大家熟悉的口味，espresso與打泡牛奶（foamed milk）的圓舞曲，用玻璃杯裝。

NEWS ○○○○○○○○○○○○○○○○○○○○○○

Salon Einspanner：造型特殊的大玻璃杯，盛裝雙份咖啡，搭配雙份的打泡奶油（whipped cream）。

Haferlkaffee：咖啡加上大量打泡熱牛奶（foamed hot milk）。

Konsul：咖啡加入少量奶油。

Kaffee Verkehrt：牛奶的份量比咖啡還要多。

Franziskaner：口味較清淡，米朗琪咖啡、打泡奶油（whipped cream）與巧克力的組合。

❊因特殊人物或店家而設計的咖啡：

Mozart Kaffee：濃咖啡，香甜莫札特巧克力酒不可少，打泡奶油（whipped cream）上灑杏仁粉。

Sisi Kaffee：咖啡注入大量打泡熱牛奶（foamed hot milk），甘醇奶味就像Sisi王后般平易近人。（不過，這跟Wienner Melange，是有什麼不同呢？）。

Maria Theresia：大杯咖啡加橘子酒，戴上像王冠一般的厚厚打泡奶油，有的會飾以各種顏色的糖果顆粒，咖啡夠strong！奶油香甜，橘子酒後勁十足！

Sacher Kaffee：熱的HeiBer黑咖啡加上正宗Sacher酒，冠以打泡奶油（whipped cream）。

❊加入酒類（酒都加熱過）

Der Landtmann：濃咖啡摻入白蘭地、咖啡酒，冠上打泡奶油（whipped cream）及肉桂粉。

Fiaker：黑咖啡加蘭姆酒或是櫻桃白蘭地，再冠上奶油。（正宗咖啡加美酒，夠嗆！）

Pharisaer：濃咖啡佐以蘭姆酒、肉桂與椰子，上面添加打泡奶油（whipped cream）。

Kaffee Sobiesky：濃咖啡加上伏特加與蜂蜜，濃烈又香甜。

Mokka Gespritzt（或叫Doppelmokka）：咖啡加Cognac白蘭地。

Philosoph：咖啡加白蘭地（brandy）、香草口味的糖，及打泡奶油。

❄其他種類（不一定每一家咖啡店都有）

Turkischer：土耳其咖啡，強烈黑咖啡，咖啡、糖和冷水一起加入紅銅製成、宛若深杓的「伊比里克壺」（ibrik）煮製，不過濾，有泡沫和咖啡渣。

Kaisermelange：帝王米朗琪，黑咖啡加蛋黃Wiener。

Eiskaffee：維也納冰咖啡，一個大玻璃杯裡，一半是冰咖啡，一半是香草冰淇淋，並附以長湯匙。

Mazagran：咖啡注入蘭姆酒或櫻桃酒，使用冰塊而非冰淇淋。

維也納大學，附近自然少不了好咖啡。

甜點之都維也納

幾乎從一大早開始，
每家蛋糕店或是咖啡甜點屋都爭相飄出新鮮烘焙蛋糕的香味，
吸引人進去與甜點一親芳澤。

人為什麼只要一提到蛋糕，就會自然聯想到幸福的事呢？

——西洋古董洋果子店

　　世界這麼大，想去的地方好多好多，每回出國總會想要拜訪不一樣的地方，不過，這回決定再度造訪維也納，卻沒有絲毫猶豫或甚至一秒鐘的掙扎，理由實在太簡單了——「因為，好想去維也納喝下午茶」。

　　真的，完全就是衝著維也納的咖啡甜點屋而去，而且心意非常堅決。在這裡，每天的行程變成這個樣子：

　　第一天：皇家名店系列：Sacher、Demel

　　第二天：深獲好評點心咖啡屋：Sluka、Sperl

　　第三天：貴族與平民甜點一網打盡：Schonbrunn、Heiner、Aida……

波光粼粼卡爾教堂。

　　而每天的三餐計畫自然也是由美味甜點堆砌而成：巧克力榛果布丁、草莓奶霜蛋糕、紅醋栗慕斯、蛋白奶酥脆餅、乳酪水果軟卷、焦糖方塊蛋糕、杏仁巧克力塔、藍姆酒糖漬鬆餅、杏桃雪球、香草奶油卷、葡萄乾鄉村蛋糕……。

　　光是看著這份行程表，內心的幸福感就不斷高漲，簡直滿到喉嚨，腦中並且再度浮現電影「芭比的廚房」裡那句亙古真理：「舌頭這奇怪的肌肉，為人類完成了多少神聖光榮事蹟！」

　　對這神聖光榮事蹟，維也納人在甜點方面確實有著極大的貢獻。在我幾年前第一次到維也納，對此就有了深深的體認，當時一口咬下著名維也納蘋果餡餅卷，簡直就想要像「西洋古董洋果子店」裡的英司一樣大喊：「到底我以前吃的都是一些什麼啊！」

　　只能說，好吃、好吃、好吃！

　　幾乎從一大早開始，每家蛋糕店或是咖啡甜點屋都爭相飄出新鮮烘焙蛋糕的香味，吸引人進去與甜點一親芳澤。或許是普通的奶油塔（Truffeltorte）、蘋果餡餅，也許是名聞遐邇的巧克力蛋糕，或各種新奇口味的慕斯，總之，在維也納，一天的開始、結束，或是中場休息，全都少不了咖啡與甜點。

　　而在眾多甜點中最尊貴的甜點天王，就是名聲如雷貫耳的薩黑爾蛋糕（Sachertorte），此種蛋糕雖然在奧地利各咖啡

店幾乎都可以嚐到，不過大多數甜點愛好者還是會不遠千里的到此種蛋糕的起源地 — 維也納薩黑爾飯店品嚐一番。

薩黑爾飯店座落在國家歌劇院的對面，雖然如今看來並不特別雄偉，但在過去可是貴族皇室愛用的名店，擁有高貴的血統。在步入飯店的那一刻，內心不知怎的竟然緊張起來，像是跑到一百多年前的維也納，要來跟公主夫人們打交道似的。

維也納甜點種類繁多，原本還擔心會點不到正確的薩黑爾蛋糕，不過才踏進門就知道完全多慮了，幾乎每個人的面前都擺著一份跟書上照片一模一樣的薩黑爾蛋糕 — 綿密細緻的巧克力蛋糕、外層裹著厚實的巧克力，煉乳色的奶油伴著蛋糕佔據了三分之一的盤面，乍看並不特別，不過實地品嚐後就知道，這蛋糕的致勝武器，是蛋糕夾層裡甜中帶酸的杏

薩黑爾咖啡配上薩黑爾蛋糕，就是王道，咖啡旁那一杯是酒，記得加入咖啡飲用。

子醬,搭配著蛋糕旁的香濃奶油,微酸與濃濃奶香都使味道更為豐富而不膩口,難怪有這樣多人如此喜愛,不遠千里跑來品嚐。

除了薩黑爾蛋糕,維也納甜點界的另一明星,就是各式各樣的水果卷或奶油卷(strudel),這種甜點的作法,是在薄如紙的麵皮中,包裹層層甜滋滋的水果或奶油,其中最出名的便是蘋果卷(Apfelstrudel),原來以為是蘋果派,吃了就知道實在把人家看扁了,只見蘋果切片層層疊疊,和葡萄乾一起築成城牆,再與甜起司醬一同裹在薄薄麵皮裡,由於蘋果非常豐富,每一塊蘋果片都像是嫌太擠、爭著要奔出城牆似地向外展露它們黃澄澄的胴體,實在非常誘人。而麵皮的頂層,還灑上雪白的糖霜,如果剛出爐時熱熱地吃,簡直就像在海邊散步一般舒暢怡人。其他同類型的蛋糕,還有酸櫻桃卷、奶油卷、桃子卷等等,沒有辦法全部嚐到,只好列為候補名單,下回再接再厲!

維也納有許多甜點都是要熱呼呼地吃,例如Kaiserschmarren,是在切成小塊的薄煎餅上,淋了煮熟的糖漬水果,據說這是法蘭西斯約瑟夫皇帝最喜歡的甜點;另外還有杏桃奶油卷、淋了熱巧克力醬的布丁等等,光是讀菜單上的描述,就已經覺得來維也納不虛此行了。

還沒完喔!除了上面這些歷史悠久的傳統糕點,另外還有好多種叫不出名字、充滿視覺震撼的甜點,在各家咖啡甜點屋裡等著我們,怎可如此鳴金收兵?! 南征北討的結果,

我們吃了奶油杏仁蛋糕、莫札特巧克力蛋糕、藍姆酒蛋糕等等，不過最喜歡的，還是在熊布倫宮吃到的野莓慕斯卷。

在熊布倫宮（Schonbrunn）喝下午茶那天，已經快離開維也納了，依依不捨之餘，決定不計代價地卯起來享用下午茶，便陸續點了兩杯咖啡和兩份甜點，其中有一系列的甜點是針對草莓而設計，包括草莓優格冰淇淋、新鮮草莓奶酪等等，menu上的照片肯定是草莓的最佳寫真，嬌豔欲滴、閃閃動人，我也從中點了一道野莓慕斯卷：香甜的餅皮繞成圓筒狀，內餡是由各種野莓製成的酸甜慕斯，再加上相當豐富的桑椹、藍莓、草莓等等，實在是讓人滿口芳香，一個大甜點下肚竟毫不膩口，只想天天待在這兒，嚐遍其他照片上、櫃子裡的華美糕點。

雖然看到這裡舌頭可能已經很累了，不過除了蛋糕，維

溫馨感人的維也納冰淇淋店，讓人好生想念。

※ 提希（Tichy）冰淇淋：
Reumannplatz 13

也納的冰淇淋也同樣叫人難忘。維也納最有名的一家冰淇淋店是提希（Tichy）冰淇淋，這家店把冰淇淋做成義大利麵等各種菜式或是麵包形狀，同時取悅你的眼睛與舌頭，但我們在找到這一家名店之前，就已經被街上其他和藹可親的冰淇淋店輕易征服。

　　這是在瑪麗亞希法街（Mariahilfer Strasse）上的一家冰淇淋店，叫做Paolo Bortolotti，超大的冰淇淋櫃環繞著門口，幾十種口味讓人眼花撩亂。雖然一大早就開門，但不管任何時候經過，都會有一大群人圍在門口購買，三、四位工作人員忙得團團轉，剷冰淇淋的手肯定已經練出強健肌肉。這讓原本只是路過的我們終於也忍不住想試試，排了約莫十分鐘，終於拿到共三大球的甜筒冰淇淋，在吃的那一剎那，我已詞窮了，只知道柔軟香甜、果粒豐富、奶香四溢，甜筒的脆皮香脆無比，而且並不貴，三大球加甜筒2.2歐元，如果不要甜筒只要1.4歐元，難怪有好多人都是買一大盒，把好幾種口味裝在一起。此外，這裡的可愛店員還用中文而非日文與我們問好，簡直讓人心花怒放，後來我們在離開維也納前，還特地坐地鐵回來買了兩次，最後一次是星期天，許多店沒有營業，不過這家冰淇淋店依然敞開大門，熱情迎接喜愛它的顧客們，實在是很溫馨感人的冰淇淋店，當然還有其他無緣品

嚐的甜點們，我想，我一定還會來維也納很多次吧！

著名咖啡館及咖啡甜點屋：

❋ 薩黑爾飯店（Hotel Sacher）：Philarmonikerstrasse 4，國家歌劇院（Staatsoper）對面。

❋ 德梅爾（Demel）：Kohlmarkt 14，從史蒂芬大教堂沿葛拉本大道（Graben）走五分鐘，據說是約瑟夫皇帝最喜歡的咖啡館。

❋ 斯魯卡（Sluka）：Rathausplatz 8，咖啡甜點屋，在這裡吃到令人怦然心動的草莓奶霜蛋糕。

❋ 史佩爾（Cafe Sperl）：Gumpendorferstrasse 11，如果從西站（Westbahnhof.）出發，大約走十五分鐘，建於西元1880年，是維也納最老的咖啡館之一，還維持傳統的咖啡館擺設，此店過去的常客包括匈牙利裔奧地利作曲家雷哈爾（Franz Lehar）（1870－1948）。

❋ 博物館咖啡（Cafe Museum）：Friedrichstrasse 6，鄰近歌劇院，Operngasse 和 Friedrichstrasse 的交叉路口附近。

❋ 中央咖啡館（Cafe Central）：Palais Ferstel, Herrengasse 和 Strauchgasse 的交界，相當富麗堂皇，不過對甜點有些失望。

NEWS

❀ 哈維卡（Cafe Hawelka）：Dorotheergasse 6，從史蒂芬大教堂沿葛拉本大道（Graben）走幾分鐘，大約過三條街，西元1937營業至今。

❀ Residenz（熊布倫宮附設餐廳、咖啡館）：Kavalierstrakt 52, Schlos Schonbrunn，因為在皇宮，價格也接近王室等級。

❀ 浪特曼咖啡（Landtmann）：Dr.Karl Lueger Ring 4，附近有維也納大學、城堡劇院、雄偉的國會，適合午間散步後的下午茶。這兩家咖啡館的網站：http://www.cafe-wien.at/。

❀ 海納（Heiner）：點心咖啡屋，有兩家分店：Wollzeile 9、Karntner Strasse 21-23。

❀ Aida：甜點有許多可愛的造型，有許多分店，Rotenturmstrasse 24.是其中之一，價格平實。

維也納的天空。

維也納藝術家之屋，住在這種房子天天被遊客圍繞不知是何感覺。

消失的捷克烤鴨與廁所臉事件

在餐廳這個奇妙的小世界裡，

總有許多可愛溫暖的小故事不斷上演。

旅行的時候，不管多想省錢，在餐廳裡優雅從容地吃上幾次飯還是不應該省略的重要活動，這不僅是為了在成為美食家的遙遙路途上有必要不斷進行實地考察（多麼冠冕堂皇的好理由！），更因為在餐廳這個奇妙的小世界裡，總有許多可愛溫暖的小故事不斷上演。

消失的捷克烤鴨

早就聽說烤鴨是捷克的名菜，眾多旅行指南裡都有這道捷克珍饌令人食指大動的照片：黃澄澄的捷克烤鴨「油」光煥發，旁邊乖乖站著一排切成小圓片、口感其實介於蒸糕與厚片土司之間的「麵團子」（knedliky，英譯：Czech dumpling），還有一團熱情爽口的酸白菜，看起來非常過癮。因此在試過了鮮美的烤鱒魚、既鹹又嫩的波西米亞燻豬肉之

白色片狀物即為傳統捷克「麵團子」，有點像厚片土司。

後，我決定在離開捷克之前，一定要嚐嚐這油滋滋的烤鴨。

　　不知是不是我們找錯地方，都已經在布拉格城堡附近繞了兩圈，在小雨中努力搜尋各家餐廳貼在門口的菜單，竟然還是找不到這道菜的蹤影。實在太奇怪了，難道烤鴨已經從捷克人的餐桌撤退？或是上天想要懲罰我的貪嘴？雖然遭遇到如此出乎意料的挫折，但不知哪來的執著，我下定決心，天涯海角，非找到這道菜不可，於是我們繼續在迂迴纏繞的小巷中徘徊流連，尋找烤鴨的芳蹤。

　　正當我們已經走到不知名小巷準備迴轉之時，一位穿著潔白制服的年輕男子赫然出現眼前，露出靦腆的笑容，要幫我們介紹餐廳的菜色。

　　不知為何，我對這種招攬客人的親切招呼一直有種莫名的厭惡，很怕和對方多說一句話，就會因為不好意思拒絕而非得進去消費不可，因此原本並不想搭理他，不過實在是找得也有些累了，轉念一想，決定直接了當開口「請問有烤鴨嗎？」

　　「烤鴨？」這突入其來的一問，立刻讓他無辜雙眼露出狐疑神色，彷彿我問的是「有烤青蛙嗎？」這實在讓我自尊心大受打擊！難道不是大家都知道捷克烤鴨嗎？我恨恨地瞪了瞪手中的旅遊資料，可惡，被耍了！

　　一般侍者或許會很抱歉地說：「抱歉，本店沒有供應。」然後故事到此結束，不過這位年輕男子卻是一臉失落，彷彿深深為自己無法回答我的問題而自責，決定進入店裡研究一

番，並請我們在門口的椅子上稍坐一會。

　　這位男子或許是新來的侍者吧！十分熱誠地在櫃臺詢問之後，還跑到廚房直接找廚師討論，我此刻才瞭解這個看似簡單的問題原來卻是如此深奧難解，在將近十分鐘的深入研究之後，他終於捧著一份菜單一臉抱歉地出現。

　　「你要的是這個吧！」的確，他手上的菜單，有我夢寐以求的烤鴨呢！「不過，抱歉，現在已經不供應了！抱歉！非常抱歉！」

　　這位盡責的青年連聲為餐廳的服務不週道歉，雖然我們也一直向他道謝，感謝他如此費心，但他竟然回答：「這是我的工作啊！只是很對不起，真的是沒有烤鴨。」

　　烤鴨？區區烤鴨怎麼能敵過這樣認真柔軟的心呢？於是我們當然就留在這家可愛的小店用餐了，雖然沒有吃到烤鴨，而是吃了雞肉捲（沒鴨，雞也好囉！），不過，我確信這是比烤鴨更美味的食物。

　　用餐的時候，他還是繼續在門外殷勤地招攬客人，可能因為這裡比較偏遠，會走到這裡的遊客並不多，生意也不太好，此時窗外雨下大了，他撐起傘繼續努力，還不時關注我們用餐的情形，看著他忙碌的背影，我的謝意，也像窗外的雨一樣熱烈呢！

布拉格皇宮前的衛兵交接。

廁所臉事件

在餐廳裡，如果有顧客舉手叫喚侍者，不外乎是以下三種情形：

1. **要買單了**
2. **還要點菜**
3. **請加水**

不過，在這次旅行期間，每回舉手，總有不可預知的未來等著我，幾乎沒有一次是正確的。想要付錢，他們拿著菜單問我還要加點什麼；當我想要再來一杯啤酒，他們就迅速毫不留情地把盤子收走，而且永遠是一臉篤定，並沒有遲疑或聽不懂的神情，這樣屢試不爽的結果，我已經對自己的語文能力、肢體語言及面部表情都喪失信心，在舉起手的那一刻，心裡懷著莫名的恐懼。

有一天，在匈牙利我舉起來的手，獲得了另一種解讀。

在Esztergom小鎮，當我們酒足飯飽，準備付帳之時，我照例不疾不徐地抬起手，掩飾著心裡的惶恐，優雅地想要呼喚侍者。

奇怪，剛才還端著啤酒到處跑的侍者怎全沒了蹤影？連吧台都空無一人。我的眼睛四處搜尋著，此時，鄰桌一對老夫婦對著我不斷向外比畫，顯然是指引我向外找去。難道，侍者們全都在外面開營火會嗎？我向外望了望，實在看不出有何端倪，晚上風大，也不願走到外面漆黑寒冷的夜裡。

那位老太太見我沒有慧根，竟然遲遲沒有動靜，索性站起身來，領著我隨她走進門外那冷冷的風中。真是奇怪，這家店

烤馬鈴薯和某鮮嫩香甜的不知名燒魚。

的吧台不是就在室內嗎？難道不是在那兒買單？難道店家覺得要在冷風中收錢，才能顯得出誠意？

還在猜呢！走出門後一轉彎，答案立刻揭曉：這位老太太領我到廁所來了，頓時腦中一片空白，我……我剛才做了什麼嗎？

強忍笑意向老太太道了謝，在她離開之後，終於忍不住抱著肚子在廁所狂笑，與此同時，內心卻感到無比悲哀，想要注視自己的表情，這廁所的鏡子又像是要污辱人似地高高掛著，我竟然得跳起來才能看到自己欲哭無淚的臉，實在是令人難過。忍不住就在這廁所裡面壁反省，到底，我剛才輕輕揮動的優雅手勢有何異狀嗎？我輕皺的眉頭，吐露了什麼秘辛嗎？想要買單的我，如今竟然在廁所跳著照鏡子，想要看清自己的臉。

就在這一刻，我終於明白，原來，我有廁所臉。

NEWS

❀捷克烤鴨參考食譜：
將鴨抹上鹽及胡椒，熱油
煎成棕色後放進烤盤，再
加上炒過的洋蔥和磨菇，
以百里香及紅酒調味並送
進烤箱，香噴噴出爐後再
飾以荷蘭芹、
芥末，當然要
配上捷克獨到
的麵團子及酸
菜，就是夠味
的波西米亞大
餐了！

NEWS

❀在布拉格餐廳用餐的時候，不妨到
地下室走一走，會發現很多神秘的
羅馬式拱廊，特別是在舊城區的沿
河建築時常可以看到，這是因為布
拉格常鬧水災，土地愈填愈高，使
得過去的一樓便成為了地下室。沿
著狹窄樓梯進入略顯晦暗、空
氣凝窒的地下室，厚重石牆加上
圓形拱頂，彷彿只要在牆上點起
火把，就真的回到那久遠的時
代。在這裡用餐感覺非常中古！

NEWS

❀廁所臉事件餐廳：Csulok
Csarda, Battyany utca 9
好吃又大碗，總是高朋滿
座！相信你已經記得廁所
的位置了。

漫步哈布斯堡王朝

4

我渴望走進過去皇族的故居，撫摸被砲火轟擊過的石牆，
在無數馬車行經的石板路上，
想像曾在牆角發生的擁吻或是暗殺。

■山壁神鷹布達皇宮

■大漠兒女再現匈牙利

■邊境大逃亡

■愛在黎明破曉時

■布拉格，莫札特夜未眠

■在布拉格想你

希爾頓飯店玻璃上是隔壁大教堂的身影，供應粉紅色的櫻桃湯還真有點怪。

山壁神鷹布達皇宮

當我們造訪這裡，最先注意到的便是城堡山那座傲氣凌人、
讓人不敢逼視的神鷹雕像，神鷹展翅遨翔，
足上還緊緊抓著青銅寶劍。

第一次知道布達佩斯，是在好多年前的旅遊節目「世界真奇妙」，當時主持人介紹了什麼早已忘記，深深印在童年腦中的是「雙子城布達佩斯」，這個如此美麗卻又讓人覺得感傷的名字。布達與佩斯，就像被命運拆散的戀人或原本攜手同心的手足，竟硬生生被一條河隔開，只能在河的兩邊遙遙相望，當時年幼的我認定，這根本就是匈牙利版的「牛郎與織女」。

　　不過倘若兩座城真是兄弟，在多瑙河東岸的佩斯，肯定是這個故事裡的苦命哥哥。佩斯早在十三世紀之前就已建城，直到蒙古人在十三世紀大舉入侵匈牙利，匈牙利國王才把首都從佩斯遷移到地勢危峭、比較容易防守的多瑙河西岸，因此有今天氣勢磅礴的布達皇宮。

　　身為兄長的佩斯，城內建築雖然遭到大規模的毀壞，但也因此更早邁向重生，較布達以更大的步伐走向現代。如今的佩斯，商業大樓林立，Vaci大街宛如台北市的忠孝東路，名店、餐廳一應俱全，反而叫人忘了它數百年前的輝煌歷史。

　　而守舊的弟弟布達，在建城之後便歷經一連串殺伐征

布達與佩斯隔著多瑙河，像永遠牽不到手的情人。

戰。從土耳其軍隊的摧殘到奧地利哈布斯堡家族的重建，時空的刀釜逐漸雕塑出今日的新巴洛克式樣。曾經，這裡是首相官邸，也曾遭到蘇聯紅軍的佔領，無言面對德國與蘇聯的浴血攻防。到了今天，歷經坎坷命運洗禮的布達皇宮，依舊一身樸素聳立山壁之上，宛如捍衛疆土的高傲雄鷹。石灰岩丘陵的地形，使布達看來更為陡峭而不可侵犯，但也已經遠離砲火，化身為現代史博物館、國家畫廊與歷史博物館，記錄匈牙利人過去的艱辛步履、展示馬札兒民族的藝術瑰寶。

　　與歐洲其他皇宮相較，布達皇宮有著極不相同的狂傲氣質。整座建築粗放雄偉，宮門設計豪氣不羈，很容易想像過去兵士策馬進宮的帥氣昂揚，與過去牆上的血跡斑斑。

　　當我們造訪這裡，最先注意到的便是城堡山那座傲氣凌人、讓人不敢逼視的神鷹雕像，神鷹展翅遨翔，足上還緊緊抓著青銅寶劍。在匈牙利人的故事裡，這隻神鷹帶領著馬札兒人，從俄羅斯翻越喀爾巴阡山，進入匈牙利建立他們的國家。

　　情不自禁，想起大漠英雄傳或是神鵰俠侶故事中那些馬上兒女、大草原，與展翅足以蔽天的偉大神鷹。在異國天空下，對這身形魁梧、濃眉大眼的匈牙利民族，竟有種莫名的親切感。

　　但今日置身此地，即使在布達，也不會再聽到嘶嘶馬鳴或老鷹的尖銳呼嘯。觀光客的湧入如同流水般，無聲無息、涓滴改變著布達佩斯的地形地貌。

炫麗燈光在夜裡把布達皇宮妝點得既蒼涼又帶點奇異的華麗，彷彿濃妝豔抹的貴婦，在夜裡散發冷冽香氣；深鎖的大宅院竟已化身高級餐廳，流洩出小提琴悠揚的樂聲，與女高音的清亮嗓音。聽！正是莫札特的「費加洛婚禮」，輕輕流過今日的布達皇宮，直達天上星子。

　　吃不起整套餐廳美食，便在希爾頓飯店的露天庭院喝杯下午茶吧！匈牙利國湯Goulash（Gulyas牛肉湯）出乎意料只要700弗林，紅色濃稠的湯汁，有著豐富的牛肉、馬鈴薯、蔬菜、炒過的洋蔥及小麵團，再加入大量的紅椒粉，口感就像整個布達皇宮一樣濃重嗆人。還有一位大叔彈著吉他唱起熱情英文歌曲，嗓音渾厚，藍天白雲下竟讓人有種來到夏威夷海邊的錯覺。而隨著天色昏暗、夜影逐漸迷離，夏威夷大叔的歌聲產生了催情效果，一對夫妻起身跳起華爾滋，立刻得到眾人的熱情掌聲，並鼓舞著另外兩對男女滑入舞池，在古代士兵戍守的牆邊迴旋舞動、熱情擁吻。

　　難怪有人說，今天的布達佩斯，已經是東歐的巴黎，多瑙河盼綻放的嬌豔玫瑰。

　　希爾頓飯店庭園如同夏威夷，飯店內部卻有大塊玻璃帷幕，護衛著七百年前的多明尼各教堂遺跡以及十八世紀的修道院。古老與現代融合的實驗，正在歐洲許多寫滿歷史的城市陸續上演。又好像皇宮旁邊的馬提亞斯教堂，歷經數百年增修改建，如今有著色彩繽紛的屋頂，和維也納史蒂芬教堂

不相上下。教堂內部雖然沒有想像中華麗寬敞，但在五百多年前，這裡可是馬提亞斯王舉行婚禮的場所。

這位有「烏鴉馬提斯」封號的國王，在十五世紀為匈牙利開疆拓土，戰功彪炳。不過今日如果想化身馬提亞斯國王登上城牆眺望領土，可得付點代價，友善的馬提亞斯王後裔會很樂意提醒你，若非在牆邊迴廊用餐，很抱歉，請付250弗林。

忽然之間覺得，神鷹什麼的，好像已經是很久很久以前，留在過去的一場夢了。

而布達與佩斯的分離，也終於在十九世紀中期結束，鎖鍊橋陸續建起，把他們緊緊聯繫。從布達皇宮迴旋直下，可以漫步過橋，直達對面富麗堂皇的國會大廈。不要猶疑，走過河濱林立的大飯店，已經到達Vaci大街，開始你的shopping之旅吧！

神鷹居高臨下睥睨對岸佩斯區，鷹族在此真是「出運」了。

細看大鷹，多麼不可一世。

大漠兒女再現匈牙利

匈牙利的開國者是馬札兒人，他們帶有黃種人血統，
個個馬術精湛，成天在北方的廣闊草原上盡情奔馳，
過著游牧民族的生活。

在布達佩斯的晚上，六七點商店都關門以後，要做些什麼好呢？

偶然在當地導覽手冊上瞄到節目廣告，兩個綁著長辮子的女孩穿著白色蓬蓬袖上衣與黑色大圓裙，面對面手牽著手高舉過頭，臉上露出健康有活力的笑容；兩人身旁顯然有一圈人手拉手繞著她們飛快轉圈，但因為轉圈的速度實在太快，臉部和身體都成為模糊的線條或是黑點。

這張照片上方，只寫著大大的「民族舞蹈」，此外並沒有什麼華麗的修辭加以形容，不過，光看這照片就覺得真吸引人，小小的照片，卻讓人有種想要加入他們，一起飛快轉個圈圈的感覺。

旅行的時候，聽場音樂會或欣賞舞蹈表演，似乎永遠是個不錯的主意。

循著廣告上的住址找到售票處，才發現原來有好幾種節目可以選擇，除了「民族舞蹈」，另外還有管風琴音樂會、吉普賽音樂會、歌劇曲目演唱，當然也有交響樂團的音樂會，演奏李斯特、德弗札克等東歐音樂家的作品，不過

NEWS

❊售票地點：

Duna Palota
住址：Zrinyi utca 5

Babszinhaz
住址：Andrassy ut 69

參考網址：
http://ticket.info.hu/index.htm

因為廣告上的照片實在吸引人，忍不住想要看看一群人飛快轉圈的樣子，所以還是買了「民族舞蹈」，一般票5600弗林，學生價5100弗林，相當於台幣700多塊，哇！比在布達佩斯民宿住一個晚上還要貴呢！

節目雖然貴，但表演的場地卻是相當古老而樸素。一開場，匈牙利傳統的吟遊詩人唱著古老的英雄歌曲緩緩出場，馬上就把大家喚回古代匈牙利人的馬上時光，重現匈牙利與歐洲大多數地區截然不同的游牧傳統，甚至還有類似蒙古包那樣的布景，立刻就讓人想到武俠小說裡騎馬射大鵰的場景。匈牙利的開國者是馬札兒人（Magyars），很久以前就聽說，他們帶有黃種人血統，個個馬術精湛，成天在北方的廣闊草原上盡情奔馳，過著游牧民族的生活。看來雖然匈牙利人如今的外貌與生活都與西方人較為接近，但在過去可都是草原上的大漠兒女，只不知道匈牙利人是不是也有類似武俠小說的作品，這想法令我大為興奮，也對匈牙利人多了好幾分的親切感。

匈牙利人的黃種人血統，或許也可以從身材窺知一二。與街頭上的大多數匈牙利人相較，這些男女舞者雖不一定年輕但都相當細瘦，料想古代的馬札兒人應該也是如此，否則如何能在馬上飛馳？舞者的服裝以黑、白、綠、紅為主要顏色，無論是背心、綁腿褲及短蓬裙，都相當鮮豔。男子襪上綁著鈴鐺，腰上繫著短劍，女生的帽子上則綁著紅、白、綠夾雜的長帶子。真是相當具有草原風情。跳舞的時候，大家

還會手拉著手連成圓圈，不時大聲呼喊「嘿！ㄏㄡˋ！」此時又覺得彷彿正在參加台灣原住民的豐年祭，如果他們有機會欣賞，應該也會覺得十分親切吧！

　　整套節目是依照時間順序進行，逐漸從游牧時代進入馬提亞斯王盛世的宮廷晚宴，在這個階段，舞者的衣著都更加華麗，女舞者的裙子長度也更長，同時還有非常精美的刺繡。這時流行的宮廷舞蹈叫做Haiduk dance，可以是獨舞、雙人舞，也可以一群人一起跳，據說這是喀爾巴阡山一帶非常普遍的舞蹈。斯洛伐克、羅馬尼亞人，甚至吉普賽人都有類似的舞蹈。音樂節奏非常快，有很多類似踢踏舞的高難度足部動作，例如在很快的節奏下，不斷跳著還要用手交替拍打足部，看著他們使盡了力奔放地跳著，再加上熱情的音樂及

匈牙利傳統歌舞，讓人看得大汗淋漓。

他們偶爾發出的呼喊，真會看得全身發熱，忍不住也想跟著打拍子，甚至跳上去一同舞動起來，當然，會發熱可能也跟表演廳裡沒冷氣有點關係吧！

　　在眾多舞碼中，難度最高也最精彩的就是「王子之舞」，顧名思義，舞者都是男生，感覺很像從前的貴族子弟因為生活太悠閒，就一起來進行跳舞比賽。這支舞蹈的動作全都非常華麗並且強調技巧，已經到了「炫技」的程度，也正因如此，每段舞蹈都獲得非常熱烈的掌聲。特別是這「王子之舞」還有獨秀時間，大家一起跳完，就換每個人各自表演，騰空轉圈、跳躍，幾乎都是難度接近特技的動作，我還真擔心會有人表演後空翻或徒手批磚頭之類的勁爆節目，不過這樣的事終究沒有發生，他們的舞蹈重點，還是放在足部的各種花式變化，讓我訝異的是，原來人的身體可以在沒有任何道具的情況下，開發出如此多種獨特的舞姿和動作變化，這實在讓我大開眼界。特別是其中有不少舞者看起來已經不年輕了，他們一邊跳著舞，一邊還露出可愛、滿足的笑容，嘴上那八字鬍也跟著舞步滿場飛舞，看著這樣的表情，有時候就忘記欣賞他們的舞步而開始想像他們辛苦練舞的情景。藝術表演之所以動人，有許多時候是來自表演者，而不是表演本身吧！

　　接下來的舞蹈，還包括十九世紀末「改革的年代」所發

展出的新民族舞蹈、匈牙利恰爾達什（csardas）貴族舞蹈等。特別是在西元1970年代，匈牙利有所謂的「公共舞蹈廳運動」（dance hall movement），可以說是民族舞蹈的重生，有許多公共舞蹈廳紛紛成立，活潑的音樂結合了西元1950年代的搖滾樂舞和農村節慶，充滿青春氣息。許多作曲家創作了新的民族舞曲，也有許多人到公共舞蹈廳一同跳舞，甚至到現在好像都還有不少舞蹈廳仍然繼續營業，如果能有人指點門路，進去瞧瞧應該可以看得更過癮，不過不曉得，是不是也該練一支舞再進去會比較好呢？

布達佩斯的晚上，欣賞了一夜大漠熱舞，果然讓人血脈賁張，即使離開了表演廳走進清涼的夜裡，都還覺得臉頰泛紅，想要大聲吟唱起來呢！

布達皇宮附近的房舍，不知從前是否哪位貴族
男子也在裡面勤練「王子之舞」呢？

十九世紀中興建的鎖鍊
橋，注意獅子沒有舌頭。

從橋上回望大教堂，上帝，可要保佑我們平安回來。

邊境大逃亡

戲劇果然是人生的預演啊！
實在沒想到我們竟然真的到了影集中的場景，
在如此熟悉的邊界也來上一段「大逃亡」。

還記得馬蓋先嗎？那個十幾年前每星期六晚上八點鐘，好多人會固定收看的英雄影集「百戰天龍」。馬蓋先為「鳳凰城基金會」各種艱險的任務出生入死，但不管過程中是被人綑綁著準備推下懸崖，還是身受重傷且被槍抵著太陽穴，他都能想出各種極有科學根據的方法，再加上無堅不摧的萬能瑞士刀和超好用膠帶，最後鐵定逢凶化吉、逃出魔掌，並以一聲豪邁的「帥啊！」作為結束。在那時候，這一聲「帥啊！」可是風行大街小巷的口頭禪呢！

　　影集播出之時，冷戰還沒結束，記得他有好幾趟任務都是要到共產國家拯救人質、拆炸彈，或是偷取機密文件，而故事發展到後來，便是在共產國家的邊境展開飛車大逃亡，場景多半是這樣：

　　馬蓋先和同伴（百分之九十是一位美女）開著一輛隨時可能爆胎或解體的破軍車，一邊搶救漏油的油箱、一邊閃躲後面大批車隊的機關槍掃射。馬蓋先一隻手臂已經中彈，臉上也因為剛才的搏鬥而多處瘀青，不過他和美女還是真情流露，在槍林彈雨中互相鼓勵：「撐著點！再一公里，衝過邊界就安全了！我們一定要活著回去！」

　　接著上場的，是好幾位戍守邊境的「邪惡爪牙」東德警察，他們戴著紅色警察帽，臉部像塗了強力膠般僵硬，手上都拿著巨大的衝鋒槍之類強大武器，當然，還有牢不可破的鐵絲網和拒馬，共同阻止馬蓋先完成他的神聖任務……

　　不過馬蓋先是不會被擊倒的！他會製造各種爆裂物來個

聲東擊西，或是躲在油桶裡偽裝，必要時再來一番貼身扭打，總之，幾分鐘後馬蓋先便會千鈞一髮地到達國界的另一邊，對狼狽的東德警察說「帥啊！」，還加上與美女情不自禁地深深一吻，讓警察氣得摔槍跳腳。

　　戲劇果然是人生的預演啊！實在沒想到我們竟然真的到了影集中的場景，在如此熟悉的邊界也來上一段「大逃亡」。

　　匈牙利多瑙河邊小城Eztergom，幾乎可以說是匈牙利的第一個首都，擁有全匈牙利最大的教堂，也是匈牙利最重要的宗教核心，如今，更是匈牙利和斯洛伐克的邊境城市。

　　過了多瑙河，就是斯洛伐克，這個西元1992年才和捷克分開的國家，兩國的邊界就位在橫跨多瑙河的大橋，在橋上正有一個明確的界線，指出一邊是「MK」（匈牙利），另一邊是「SR」（斯洛伐克）。只要跨過線就會到達另一個截然不同民族、語言的國度：斯洛伐克共和國（Slovenska republika）。

NEWS

※西元1918年第一次世界大戰後，「捷克斯洛伐克共和國」誕生，不過在西元1993年1月1日，捷克和斯洛伐克已經正式分裂為兩個國家。

　　或許是第一次到兩個國家的邊界，而且是一個在小時候視為「惡魔黨」、神秘兮兮的前共黨國家，我們才一上橋就開始緊張發抖了。抓緊身上的小包包，眼觀四面、耳聽八方，

並且努力搜尋是不是有荷槍警察在橋上巡邏，隨時準備拔腿向後跑！畢竟「邊境」二字洋溢了危險、不安與戰鬥的感覺，料想肯定是戒備森嚴，總有人查緝有沒有槍枝、毒品走私一類的吧！再加上我們壓根沒有辦斯洛伐克的簽證，如果被認為是偷渡客，搞不好會被抓到秘密警察的辦公室進行嚴酷審問，這時再怎麼哭喊求饒也沒有馬蓋先來救我們，因為，他已經退休了嘛！

在橋上的我們繃緊了神經，雖然覺得有點緊張過度，可是沒辦法，「百戰天龍」的情節實在揮之不去。

橋很長，當我們逐漸接近橋中央的邊界，還沒有看到檢查的崗哨倒先望見了排隊的車龍，顯然崗哨是設在過了橋後的那一邊，而這些排隊的車子都是等著要進入斯洛伐克的。

入關檢查肯定相當詳細，我們在橋中央觀察了將近十分鐘，車龍幾乎沒有任何前進的跡象，好幾位司機已經下車做伸展操，並且注意到幾個鬼鬼祟祟的東方女子在探頭探腦不知有何企圖。

從帥哥美女位置望去，就是另一個國家。

　　他們可不知道，佯裝欣賞多瑙河兩岸風光的我們心裡正在激烈交戰：繼續前進，簡直就是冒生命的危險；如果回頭，卻肯定會留下遺憾，都已經到邊界了，連紅帽警察都沒有看到怎麼甘心回去呢？！

　　也罷！懷著一顆無比悲壯的心，就決定向前衝了！我們收好相機（免得照到軍事設施危及生命）、綁好鞋帶（當然是為了逃命），甚至把瑞士刀穩穩放在最好拿的口袋，準備向前邁進、奮勇一搏！

　　當我們一步步接近多瑙河的另一邊，戴著紅帽子的警察也終於出現在眼前。那個小小的方形崗哨就跟電視上的崗哨一模一樣，警察對通過的車輛仔細盤查，檢查通過了，再拉起橫桿讓車子通行。

　　不過如果是過橋的行人，入關就快多了，在橋另一邊有為行人而設的專門關口，還有媽媽帶著小孩或是背著包包的學生，輕輕鬆鬆、熟門熟路地過橋入關，簡直像是到某個大樓訪友，給警衛看一下證件就可以了。

　　可惜沒有事先辦好簽證，否則也可以去斯洛伐克來個半日遊呢！

　　雖然看到好幾個人都是輕鬆入境，並沒有遭到逮捕或審問，不過警察臉上的嚴峻表情、肩上背著的槍，還是讓我們手心直冒汗。相機終究是不敢拿出來，也只敢遠遠地張望。沒法子，馬蓋先好歹也有飛車一輛，如今我們什麼都沒有，

又已經過了橋上的邊界在人家地盤上了，還是安分些吧！

正努力拉長脖子研究入關的手續，忽然，有一位警察不知是否發現了我們，先是對著旁邊的同伴一陣耳語，然後……竟然像是往我們的方向不斷前進！

不會吧！其實我們離崗哨少說也有七、八十公尺，雖然可能觀望得有點久，可是，不會因此就犯法吧！難道要控告我們「侵犯國家機密」？紅帽子老兄，這兒可是多瑙河，應該要做的事是跳華爾滋，而不是亮出手銬吧！

不過，此刻的情勢顯然已經不容多想，既然行跡敗露，還是速速撤退為妙，我們立刻轉身回頭大踏步快走（至少保持理智不敢跑步以免更加啓人疑竇），一心只想回到匈牙利。此刻的我，已經完全能夠體會馬蓋先的心情，「再撐一下，過了邊界就安全了，至少……我們有辦匈牙利簽證。」在這樣莫名其妙的緊張情勢中，心跳的聲音早已宛如恐怖影集的配樂或是一聲聲槍響：砰！砰！砰！

終於，橋中央可愛的招牌出現，我們已經回到匈牙利的懷抱。在踏過邊界的那一刻，心裡像是打翻了什麼似地燃燒起來，帥啊！謝天謝地，我們安全了！真奇妙，不過是一條線，竟然在跨過之後會有如此截然不同的感受，不但安心放緩了腳步，多瑙河風光也重新變得可愛動人！

如今想來，斯洛伐克真是無辜，被我們假想成可怕的邪惡國家，一條河的兩邊，生活和文化到底有什麼差別？下回一定要光明正大穿過邊境，好好瞧一瞧。

過了橋，就是斯洛伐克的
入境海關，遠遠望著，就
緊張起來。

WIEN

普拉特摩天輪，轉一圈所費不貲，不過
欣賞維也納夜景應該要靠它了。

愛在黎明破曉時

　　一列從布達佩斯開往巴黎的紅色火車，
　　一位美國男子與法國女子的巧遇，
開啟了這部美得像滴清晨露水的小品電影。

　　我相信如果上帝真的存在，祂不會是我們中的任何人，不會是你、不會是我，而是在我們之間的小小空間裡。如果世上有神奇的事，那一定是在瞭解與分享的過程中。我知道這很難達成，但是誰在乎呢？重要的是過程。

　　　　　　　　　　　　　──《愛在黎明破曉時》

　　一列從布達佩斯開往巴黎的紅色火車，一位美國男子與法國女子的巧遇，開啓了這部美得像滴清晨露水的小品電影。電影的吸引人之處，不僅在於故事裡的浪漫成分，更是男女主角圍繞著家庭、生死等種種讓人咀嚼再三的對話，還有流浪詩人、河邊咖啡座、戲劇表演這些充滿文藝氣息的背景情節。

　　這樣的故事，唯有發生在維也納，才更叫人怦然心動。

　　貴為過去奧匈帝國與如今奧地利的首都，維也納所擁有的，卻絕對不只是王宮貴族的豪華宅邸、高聳巍立的教堂，或觀光客必定聆賞的音樂會。抱著點朝聖的心情，決定跟隨電影的鏡頭，尋覓維也納的窄巷、石板路，運氣好的話，也許還能如男女主角一般，在清晨的破曉霧氣中聽到從厚重石牆裡傳出，叮叮咚咚的大鍵琴樂曲。

普拉特的摩天輪（Riesenrad）
每個人都知道摩天輪。

的確，紅通通的摩天輪是維也納相當著名的地標，就位在普拉特（Prate）遊樂園之內。在摩天輪上，隨著十五節車廂的輪番登頂，可以在離地六十五公尺之處把美麗的維也納市容一覽無遺。旖旎的風光、微微搖晃的摩天輪，喚醒了身體，也促成電影裡男女主角的第一次接吻。如果在黃昏來臨，更可靜靜凝視夜色是如何輕手輕腳地覆上維也納，黑夜接棒、燈光亮起，古老而美麗的都市不斷訴說延續了好幾個世紀的浪漫故事。

不過，想體驗摩天輪的浪漫代價是愈來愈高了，隨著歐元的流通，維也納物價也微幅上揚，如今一人票價已經漲到7.5歐元，相當於台幣250元，比起五年前大約漲了六成。

走下摩天輪，普拉特其實是片非常美麗的長形森林，林蔭大道全長五公里，舉目盡是濃密的夾道樹林。整條路不見車輛喧囂，沒有遊人吵雜，走完全程，足以讓哲學家思索出人生的真理、小說家構思出舉世震驚的大結局。

而若在燠熱的夏天漫步於此，涼風陣陣，更彷彿樹林的精靈都躲在樹林後輕輕舞動，為你帶來偷偷貯存的屬於春天的涼爽；貴族的金頂馬車似乎隨時會從路的那一頭出現，叩叩叩經過你的身旁。馬車裡，瑪麗亞特麗莎女皇竟探出頭來向你問好，畢竟，熊布倫宮（Schlos Schonbrunn）離這裡並不遠，普拉特在十八世紀之前，可都是屬於哈布斯堡家族的狩

獵場。

　　普拉特的西邊，是遊樂設施眾多的遊樂園，如果在假日到訪，常常可以看到許多闔家出遊的鏡頭。而在遊樂園裡，旋轉木馬特別令我印象深刻，因為這座旋轉木馬裡的馬兒全是如假包換的真馬，身材從高大到嬌小一應俱全，依照高矮排成一圈，馴服地在工作人員指揮下載著小朋友們依序前進，並且還會小跑步繞圈，讓小朋友興奮不已根本捨不得停下來。電影裡，男女主角在遊樂園漫步時，鏡頭也帶到了這群默默繞圈的馬，但不管是透過鏡頭，或是在遊樂場裡親自看到，一股淡淡的哀愁總是從馬兒的眼裡襲來，彷彿牠們更應在草原上，盡情奔馳。

小小咖啡館（Kleines Cafe）
你們都是星星！別忘了，我們全都是星塵。

NEWS
❈小小咖啡館（Kleines Cafe）：
Franziskanerplatz 3

「愛在黎明破曉時」描述從傍晚到清晨的故事，好多場景在夜色朦朧下充滿著異國風情，與白天尊容高雅的維也納截然不同。其中一景，男女主角在露天咖啡座遇見了吉普賽女算命師讓她看手相，並且展開對算命這件事的辯論……。

　　這就是小小，一間與市中心史蒂芬大教堂不過幾條街之隔，卻充滿波西米亞風，與主要購物街氣氛有天壤之別的咖啡座。前方是個小廣場，中間一座小小噴泉，四周則圍繞著小小的綠色桌椅。

　　探看小小宛如城堡秘門的小綠門，室內空間如店名般狹小溫馨，只能容下四、五張桌椅。來的大多數是常客：長得像佛洛伊德的老教授、年輕大學生，當然也有來自世界各地的旅人。不過溫暖的女主人也把我們當作熟客，溫暖笑容，沒有menu，直接點了咖啡和長相像牛排的麵包，靜謐的午後，彷彿在這人來人往的王宮後院受邀參加一場即興的野宴。對面老教授目光靈閃地望向我，忽然覺得，連流動的空氣彷彿都哲學了起來。

修比特堡巷
戀愛，是兩個不知如何自處的人的逃避行為。

　　「愛在黎明破曉時」夜間的主要場景，其實是圍繞著緊鄰環城大道西側的修比特堡巷（Spittelberggasse），書上說，這裡從前是妓女戶林立的紅燈區，不過現在已經成為咖啡酒館林立的地方，如果像男女主角一樣在晚上造訪，或許可以看見電影中街頭藝人跳舞獻藝、藝術家群集的鏡頭：夜間燈火輝煌，舞者則在手鼓的伴奏下跳著生產之舞。

　　而如果在白天光臨，則有完全不同的感受。

此區域的石板街道十分狹窄，周圍巴洛克式建築林立，路上幾乎不見行人。白天的酒館安靜憩息為晚上的熱情喧囂預作準備，外側牆壁則喧鬧地漆著許多用色大膽的鮮豔繪畫，據說在這些古老的巴洛克建築中，到處都是藝術家的畫室或工作房，街上正漫步著的很可能就是熬夜作畫的藝術家，早上出門是為了買杯咖啡，結果看到我們，或許能啟發他更多的靈感也說不定。

　　從修比特堡巷彎進葛登堡巷再到長長的柏格巷，經過無數建築優美的小餐廳、畫室，漫步在電影中出現的小廣場，踢踢石板路上的小石子，沒有特定目標，無數小巷中只管追逐自己的背影，囈語起電影裡匆匆出現的對白：小男孩和美麗的夢，你是波提且利畫筆下的天使……。在歐洲的陽光下無所事事，真是一種奢侈的幸福！

　　還有很多電影裡的場景沒有去：不知名的咖啡館、躺著喝酒的草地、憑弔小女孩的墓園，但是這一點都不重要，在維也納，當他們道別，在小噴泉前背誦起奧登詩集裡的作品，而這首詩也正是我對這裡的記憶：

城市裡所有的鐘，開始嗡嗡轉動，
響起來別讓時間欺騙你
在頭痛和憂心時，你無法征服時間
生命含糊地消逝了
而時間將有絢麗的明日和今日。

修比特堡巷附近的小廣
場，不過電影中是晚上
漫步在窄窄的石板小
路，好想知道晚上發生
過什麼故事？

大清早，像城堡的老房子裡卻隱約有鋼琴聲傳出。

Box office:
Praha 1, Karlova 8
tel./fax: 22 22 13 66
open daily from 11 a.m. to 9.30 p.m.
Information and group reservations
Monday - Friday from 9 a.m. to 4 p.m.
tel./fax: 22 22 13 64, 22 22 13 69

布拉格，莫札特夜未眠

在布拉格，這個不屬於莫札特祖國奧地利的城市，
用各種不同的方式讓莫札特和大家長相左右。

布拉格和莫札特有著特殊的感情到今天並沒有改變。

在薩爾茲堡，拜訪莫札特出生地的遊客絡繹不絕；在維也納，每天晚上不知有多少個地方演奏莫札特的作品；莫札特俊美的臉孔更在隨處可見的莫札特巧克力上向大家打招呼。但在布拉格，這個不屬於莫札特祖國奧地利的城市，卻也用各種不同的方式讓莫札特和大家長相左右，走紅的程度，遠遠超過了其他音樂家或是流行歌手。

西元1786年，莫札特的歌劇「費加洛婚禮」在布拉格演出並且獲得巨大的成功。西元1787年，莫札特便受邀來此，在今天的「城邦劇院」（Stavovske Divadlo）親自指揮歌劇「唐喬凡尼」首演，同樣深受布拉格人喜愛。如今，不僅依舊可以在劇院中欣賞到這些正統的歌劇作品，更有趣的恐怕是以木偶

NEWS ⊙⊙⊙⊙⊙⊙⊙⊙⊙⊙⊙

❈ 城邦劇院（**S t a v o v s k e Divadlo**）：莫札特「唐喬凡尼」歌劇首演戲院，同時也是電影「阿瑪迪斯」的拍攝場景。

住址：Ovochy trh 11. praha 1

NEWS ⊙⊙⊙⊙⊙⊙⊙⊙⊙⊙⊙

❈ 售票地點：

☆ Tourist Information Centres：Celetna 14, Prague 1。

網址：http://www.aroundprague.cz

☆ CEDOK（前國營旅行社）：

NaPÿikopě18,Praha1，

http://www.cedok.cz

劇或黑光劇，向莫札特致敬的精彩戲碼。

　　當我們在布拉格舊城廣場附近的旅遊中心買票，立刻就感受到莫札特無遠弗屆的強大魅力。或許因為正值觀光旺季，劇院演出的作品大都以人們耳熟能詳，不需懂捷克語就能瞭解的戲碼為主，其中莫札特的作品便佔了一大部分，特別是木偶劇，一路上都可以看到「唐喬凡尼」的木偶肖像緊迫盯人提醒大家到劇院來看他，而黑光劇的戲碼則較為豐富，除了莫札特的作品，另外還有披頭四的「黃色潛水艇」、「愛麗斯夢遊仙境」等等，有些劇院還強調具有「三D效果」，用繽紛複雜的燈光迷惑觀眾的感官。

　　旅遊中心的資料非常詳盡，不但有豐富的傳單廣告，還可以向諮詢人員請教，讓人很方便地在比較票價、演出時間和地點之後做出最合適的選擇。這些戲劇節目價格都很合理，我們看的木偶劇「唐喬凡尼」不過390克朗，黑光劇「魔笛」499克朗，都在台幣500元上下，而且精彩程度物超所值，如果沒有別的計畫，不妨多看幾場，畢竟在其他地方要看到如此精彩的表演可就不容易了。

到布拉格，萬萬不能錯過黑光劇和木偶劇。

捷克詩人米洛斯拉夫‧霍樂伯（Miroslav Holub）曾經寫過一首有趣的詩，為木偶劇中的木偶們代言：

我將出現在帷幕前，儘量在道具中
不去搞亂我的線絲。
我將叮噹搖動我的鈴子，迅速脫掉我的小帽。
在偶戲師能集合他的巧智之前，
我將用我自己的聲音說話，我希望我的話改變道具的顏色
我希望我的話激怒厚紙板和聚光燈影。
我希望我的話改換相對論原理。
我會說出：喂、喂、喂，
歡迎來看我們的表演！

NEWS
※國家木偶劇院（National Marionette Theatre）
住址：Stare Mesto, Zatecka 1

如果讀了這首可愛的詩再去欣賞木偶戲，真會覺得那些木偶全都活了過來。就跟布袋戲一樣，木偶明明是由人操控的傀儡，但在偶戲師的高超技巧之下，每個木偶都成了有血有淚的小傢伙。在唐喬凡尼調戲良家婦女的場面中，唐喬凡尼使盡渾身解數甜言蜜語，夫人小姐們既拋媚眼又會害羞地掙扎，演出精彩的「內心戲」，而撞見這一幕的男主人則是氣得肩膀發

抖，渾身抽搐，這簡直讓人想拋開理智，直接上前抓住木偶的肩膀對她們大喊：「清醒一點！別被這個風流種子騙了啊！」

但不知是否唯恐真的有人與木偶墜入情網，劇團在演出剛開始時就把木偶們掛成一列，讓大家見到他們未演出時的本來面目，而到後來，連掌控戲偶的老師傅都跑到舞台上加入演出，真是戲中有戲，戲外也有戲。在戲劇終了的時候，木偶們又一個個排排站回到動也不動的沈默狀態，毫不抗拒地被送入黑暗之中，但在看了整齣戲之後，實在很難接受他們就這樣不說話了，總覺得，在回到後台之後，他們又會站起來走動談笑，也許還開個檢討會討論一下今天的演出呢！

看戲時除了木偶，師傅們的真人演出也很精彩，這是由於操作木偶的師傅都在舞台上露了臉，可以清楚看到他們對木偶的掌控動作，因此師傅們彼此間的互動也都成了整齣戲的一部份。工作人員一邊揮汗操作手上的木偶，一邊還會彼此低語、交換鼓勵或是戲謔的眼神，甚至是打情罵俏！而最讓我訝異的是，其中除了一位師傅年紀較大，還留了木偶師傅正字標記兩撇鬍子之外，其他工作人員都不過二十幾歲，非常年輕，看他們對手上木偶的專注與熱情，我想

大名鼎鼎的捷克木偶和唐喬凡尼英挺劇照，晾在劇院入口接客啦！

木偶藝術肯定能在捷克留存很久很久。

　　不過在整齣戲中，最搶戲的還不是這些半人高的大木偶，而是中間串場的莫札特，這莫札特也是傀儡，但與演出的木偶不同，是由躲在舞台下的工作人員用鐵線操作。莫札特先生一開始還正經八百地向大家鞠躬問好，歡迎大家來看戲，並優雅地指揮起舞台下方的小樂團，但接著在每次串場出現時，他都有意想不到的花招，一會兒喝醉酒，一會兒因不滿意而撕樂譜灑向觀眾，引起陣陣驚呼。短短一個多小時的木偶戲充滿各種驚喜，讓大小觀眾們樂不可支。

　　除了木偶戲，黑光劇是另一種到捷克不應錯過的好戲，黑光劇的演員大都穿著黑衣，搭配各種燈光的投射技巧，營造出另一個時空的奇幻感覺，氣氛與木偶劇截然不同，神秘詭異得讓人覺得來到了魔法世界。欣賞的當下，讓我想起了捷克電影「野花」。

NEWS

✿ 黑光劇戲院（Tafantastika）
　住址：Karlova 8, Praha 1
　網站：http://www.tafan-
　tastika.cz

　　「野花」是一部從捷克古詩改編而成的電影，描繪許多神話故事，包括湖中水怪愛上遺落絲巾的少女，金色紡車為被母親殺害的少女說出真相等等，場景瑰麗、如夢似幻，加上演員充滿靈氣的臉龐、彷彿脫離現實世界的無垠野花，或是宛如巫婆的母親、年老的俠士等等，我想，捷克真是一個擅

長製造魔幻想像的國度。黑光劇中雖然不會出現電影中那樣可怖的角色，但在述說神話故事時整體詭譎的氛圍，及美麗空靈的女演員都是不遑多讓。不過，在走出戲院之後，又看到布拉格童話造型的可愛房子、舊城廣場上的「魔鬼教堂」，若非滿街觀光客依舊，還真是難以回神，搞不清楚自己究竟是在那個時空呢！

NEWS

❋ 魔鬼教堂指的是舊城廣場上的迪恩教堂（Kostel Panny Marie Před Tynem），兩座高八十公尺的尖塔象徵亞當和夏娃，是狄士尼卡通裡邪惡巫婆巫師們所居住古堡的原型，因此被戲稱為「魔鬼教堂」。

唐喬凡尼歌劇、音樂會，莫札特真的如影隨形。

你一定一眼就認出魔鬼教堂！童話故事裡巫婆的老巢。

在布拉格想你

不知為什麼，望城堡望得愈久，
你在這裡的影像，就愈加清楚。

無論何時何處我都聽到

那些鄉間的鐘聲

它們敲擊得很輕柔

且對我來說 似乎

在溫柔地呼喚

達令 達令

——捷克詩人塞佛爾特

（Jaroslav Seifert, 1901-1986）

　　布拉格，一個躺在夢裡的名字。

　　在踏進布拉格之前，早已深深迷戀上她，不是因為她所得到的眾多歌詠讚美，不是因為她充滿中世紀風情的各色建築，甚至不是因為夕陽下的查理大橋慍人心魄，一切只因你來過這裡，而且深深愛上。

　　迫不及待步上查理大橋（Karlův Most），那個你說自己墜入愛河的地方。當時天氣並不好，天色陰沉晦暗，橋上的聖人全都有氣無力，彷彿擔心待會兒又要承受千百年來的另一場大雨。橋上的藝人與小販也都開始收拾皮箱，準備打包離開。往橋下張望，灰暗甚至從天空暈染到了河面，連小威尼斯區都成了灰濛濛的米蘭。

　　不過在我眼裡，查理大橋、布拉格，還是全都美極、美極了。

　　趴在橋上，望著布拉格城堡與橋下仰慕已久的莫爾島河，在凝結的畫面裡，史麥坦那的「莫爾島河」立刻成了唯一的背景音樂。很久以前你偷偷用別人的好音響放這首曲子給我聽，不知不覺我眼睛紅了，你說我太容易感動，但如今望著河水我又掉下了眼淚。後來每天來，還是一上橋就想哭，我想自己已經被你、被橋狠狠制約了吧！

　　喜歡這座橋的人好多，橋上的藝人們無論賣攝影、素描，還是水彩畫，主角幾乎全都是這橋，彷彿大家眼裡只有她。從前米蘭昆德拉也描繪過橋上的聖人們「揮著拳，抬起

黃金巷的入口雖小，賣票阿伯可不含糊。

頃，用石眼珠看著雲彩。」他說，這真是全世界最美麗的城市。

從橋上望向布拉格城堡，是另外一幅夢裡的景象。余光中形容晚上從查理大橋望見的布拉格城堡「晶瑩惑眼，就這麼展開了幾近一公里的長夢。」而城堡區的聖維坦大教堂（Katedrala sv. Vita）「凌乎這一切壯麗之上，刺進波西米亞高寒的夜空。」

的確是啊！我沒有這樣美麗的詞彙形容，但不知為什麼，望城堡望得愈久，你在這裡的影像，就愈加地清楚。

離開大橋走上城堡，終究會發現這畢竟不是夢，歷經滄桑的古堡不只是遊客們觀光拍照的背景，而依然維持了它的尊嚴，目前還是政府的所在地，四周並且散佈了許多外交使館。國旗飄飄，現實政治與童話古堡交疊，門口交接的士

巷內屋子小巧玲瓏，想不通捷克人為何今日能如此高大。

兵嚴肅地執行標準動作，另外兩位士兵卻在一旁隨興聊天，與想像中無比嚴肅的東歐士兵截然不同。這幾年，很多事都在不知不覺中悄悄改變了吧！

你說一定要到黃金巷（Zlata ulička）走走，不過你知道嗎？想進入這條小小的巷子如今竟然要買門票了。巷子的入口被美麗的鐵門圍起，如同玩具般的長木盒裡坐著童話士兵跟大家收錢，40克朗，彷彿是收取進入玩具國的入場費。

雖然門票便宜，但連一條街都要收錢的意外情況還是讓我遲疑了一下，但見玩具國裡五顏六色的矮房子頻頻招手，其中王牌卡司大概是22號的卡夫卡故居，再想到你曾經在那間小舖買的書，還是乖乖跟玩具士兵買票，進城了。

巷裡的房子出乎意料地矮小，幾乎每個人進門時都得彎腰，才不會在頭上留下紀念品。鵝黃、鮮紅、粉綠、天藍，各種顏色的房子就像樂高一樣排排站，這些房子坪數也同樣迷你，如今全是各種可愛的商店。雖然這裡當初是因為有許多金匠居住而有了「黃金巷」的可愛名字，但我還是寧願相信你在明信片裡說的，之所以會取這個名字，是因為夕陽的餘暉讓整條巷道都呈現金黃色的燦麗光輝，想著你在這光輝裡行走，那背影，拉得很長，真是一幅好美的畫面。

決定走進巷子裡的小店，或許是想要留下布拉格的一些什麼。樂器店、手工香皂、手染織品、小首飾，看起來都很不錯，當然在卡夫卡的故居也有書、筆記本可以選擇。我最後買了麵粉做成的小天使，問店員能保存多久，她笑笑地

黃金巷裡的樂器店，店裡的喇叭悠悠唱著史麥坦那的莫爾島河。

說：forever。我也笑了，小巷裡彷彿真有什麼能夠永遠不變呢！

　　不知道什麼時候開始，卡夫卡已經成為布拉格的一張臉了。這位苦悶的小說家幾乎一輩子都住在這裡，如今和他有關的地方也幾乎都成為卡夫卡迷或非卡夫卡迷觀光客們朝聖的地方。除了黃金巷，卡夫卡曾經上課的金斯基宮、舊城

廣場邊的卡夫卡紀念館也都吸引了不少人。卡夫卡踽踽獨行的背影，在衣服上、筆記本上，從布拉格，流傳到世界各地。

　　逛完舊城廣場周圍的古老彎曲小巷、販賣可愛木偶、木製玩具或波西米亞風服飾的商店，還是到靜靜的查理士大學（Karolinum）走走吧！想著你寫在我筆記本上的詩：

詩人並不發明詩
詩在那後面某個地方已經很久
它在那裡
詩人只是將它發現
——捷克詩人詹·斯卡塞爾Jan Skacel

　　我總覺得不知道有多少東西，正等著旅人放慢腳步發現它們。

　　才隔一條街，查理士大學卻竟如此安靜。據說查理士大學的圖書館原來是中世紀修道院的夏日食堂，如此說來，這裡的清靜優雅或許已經維持了好幾個世紀。如果再繞進查理士大學的書店，就會發現清靜又更深了一層，彷彿只會聽到書裡戴帽子捷克文們的輕輕低語，和當年你留在這裡的陣陣跫音。

　　下雨了，再繞回舊城廣場，大家在雨中仍然熱情地圍著天文鐘，等著每個整點小骷髏、十二聖徒和土耳其人的一一現身，你一定在這裡仰望過它們無數回吧！我仔細地注視小人偶們的每一個動作，等著他們告訴我，你請他們轉達給我的

布拉格的舊城廣場，所有建築怎麼看都像童話屋。

隻字片語。

　　有你在這裡，布拉格怎麼逛都不會膩，再以一首塞佛爾特的詩敬你，下回你來，莫爾島河會唱給你聽：

<blockquote>
我在這塊土地上流浪。
她是美麗的！你知道她是如此。
也許這塊土地對我而言，
要比我所有的愛加起來還要多
且她對我的擁抱終身不渝。
</blockquote>

NEWS ○○○○○○○○○○○○○○○○○○○

❋不可不知的網址：

布拉格城堡：http://www.hrad.cz/

慕夏美術館（Mucha Museum）：http://www.mucha.cz

捷克的建築：http://www.arch.cz/

布拉格資訊（Prague Information Service）：

http://www.pis.cz/a/index.html

捷克住宿：http://www.travelguide.cz/，http://www.hotel.cz/

→溫賽斯拉廣場，人家說「布拉格之春」的發生地就是指這裡了，看藍衣青年多麼正義凜然！

↓從城堡山望向布拉格，捷克的紅屋頂在陽光下特別燦爛。

布拉格歷史悠久
的查理士大學。

回來之後

.

旅行，距離自己的心又更近一些。

這趟旅行的最後一天，晚上八點才抵達台北，二十四小時之後就要

到新的工作單位報到，正式開始畢業後的第一份工作。

終於能甘心進入職場了。

每一回出走，都是生命膠卷的停格，兩年前的英國之旅，讓我決心

揉掉原本以為拍板定案的生涯規劃重新上路；這一回到東歐，則面

臨學業與工作的轉換時刻。在布達佩斯，一邊逛布達皇宮及溫泉浴

池，一邊還要算時間打國際電話聯絡工作事宜，並且無比珍惜接下

來的每一分鐘，心裡清楚，這是一段美好日子的結束，

也是一段未知的開始。

旅行中，幸運地擁有某些將永銘於心的日子，更清楚知道自己想結

束些什麼、想追求些什麼。走出機場，

想飛的心情不變，眼眶已然濕潤。

謝謝爸爸媽媽弟弟的支持，此行的好伙伴姊姊玉芬和凡祺，當然還

有怡如，以及一路上遇到的朋友。

揮完道別的手勢，等著我的是下一趟更遠的長征。

106-□□
台北市新生南路3段88號5樓之6

揚智文化事業股份有限公司　　收

□□□-□□
地址：　　　市縣　　鄉鎮市區　　路街　段　巷　弄　號　樓
姓名：

Leaves
Publishing

 書號　L6002

 書名　聽布拉格唱情歌—
飛揚在奧地利、匈牙利、捷克的音符

葉子出版股份有限公司

讀‧者‧回‧函

感謝您購買本公司出版的書籍。

為了更接近讀者的想法，出版您想閱讀的書籍，在此需要勞駕您詳細為我們填寫回函，您的一份心力，將使我們更加努力！！

1.姓名：＿＿＿＿＿＿

2.性別：□男 □女

3.生日／年齡：西元＿＿＿＿ 年＿＿月 ＿＿ 日＿＿歲

4.教育程度：□高中職以下 □專科及大學 □碩士 □博士以上

5.職業別：□學生□服務業□軍警□公教□資訊□傳播□金融□貿易
　　　　　□製造生產□家管□其他＿＿＿＿＿＿

6.購書方式／地點名稱：□書店＿＿＿□量販店＿＿＿□網路＿＿＿□郵購＿＿＿
　　　　　　　　　　　□書展＿＿＿＿□其他＿＿＿

7.如何得知此出版訊息：□媒體＿＿＿□書訊＿＿＿□書店＿＿＿□其他＿＿＿

8.購買原因：□喜歡作者□對書籍內容感興趣□生活或工作需要□其他

9.書籍編排：□專業水準□賞心悅目□設計普通□有待加強

10.書籍封面：□非常出色□平凡普通□毫不起眼

11. E－mail：＿＿＿＿＿＿＿＿＿＿＿＿＿＿＿＿＿＿＿＿＿＿

12.喜歡哪一類型的書籍：＿＿＿＿＿＿＿＿＿＿＿＿＿＿＿＿＿＿＿＿＿

13.月收入：□兩萬到三萬□三到四萬□四到五萬□五萬以上□十萬以上

14.您認為本書定價：□過高□適當□便宜

15.希望本公司出版哪方面的書籍：＿＿＿＿＿＿＿＿＿＿＿＿＿＿＿＿

16.本公司企劃的書籍分類裡，有哪些書系是您感到興趣的？

□忘憂草（身心靈）□愛麗絲（流行時尚）□紫薇（愛情）□三色堇（財經）

□ 銀杏（健康）□風信子（旅遊文學）□向日葵（青少年）

17.您的寶貴意見：

＿＿＿＿＿＿＿＿＿＿＿＿＿＿＿＿＿＿＿＿＿＿＿＿＿＿＿＿＿＿＿＿＿

☆填寫完畢後，可直接寄回（免貼郵票）。

　我們將不定期寄發新書資訊，並優先通知您

　其他優惠活動，再次感謝您！！

Leaves
Publishing

根　以讀者為其根本

莖　用生活來做支撐

葉　引發思考或功用

果　獲取效益或趣味